Mirabeau o el político
Escritos políticos II (1920-1930)

José Ortega y Gasset

Mirabeau o el político

Escritos políticos II (1920-1930)

Alianza editorial
El libro de bolsillo

Primera edición: noviembre de 2025

Diseño de colección: Estrada Design
Diseño de cubierta: Manuel Estrada
Fotografía de Javier Ayuso

PAPEL DE FIBRA
CERTIFICADA

© *Mirabeau o el político* (1927), Herederos de José Ortega y Gasset.
© *El momento español.– Políticos y técnicos* (1920), Herederos de José Ortega y Gasset.
© *La «crisis histórica»* (1920), Herederos de José Ortega y Gasset.
© *Imperativo de intelectualidad* (1922), Herederos de José Ortega y Gasset.
© *Ideas políticas: ejercicio normal del Parlamento* (1922), Herederos de José Ortega y Gasset.
© *Sobre la vieja política* (1923), Herederos de José Ortega y Gasset.
© *[Mi artículo «Sobre la vieja política»...]* (1923), Herederos de José Ortega y Gasset.
© *[El intelectual y la política]* (1924), Herederos de José Ortega y Gasset.
© *Entreacto polémico* (1925), Herederos de José Ortega y Gasset.
© *Maura o la política* (1925), Herederos de José Ortega y Gasset.
© *[Maura y la diversidad de España]* (1926), Herederos de José Ortega y Gasset.
© *Dislocación y restauración de España* (1926), Herederos de José Ortega y Gasset.
© *Selección* (1926), Herederos de José Ortega y Gasset.
© *El poder social* (1927), Herederos de José Ortega y Gasset.
© *[Las elecciones y la vida nacional]* (1930), Herederos de José Ortega y Gasset.
© *No ser hombre de partido* (1930), Herederos de José Ortega y Gasset.
© Alianza Editorial, S. A., Madrid, 2025
    Calle Valentín Beato, 21
    28037 Madrid
    www.alianzaeditorial.es

ISBN: 979-13-7009-102-6
Depósito legal: M. 15.358-2025
Printed in Spain

Índice

Índice

Índice

Nota preliminar

En esta edición continuamos el recorrido por los escritos de contenido político de Ortega, presentando junto a *Mirabeau o el político* otros ensayos fundamentales en que interpreta su circunstancia desde una perspectiva política en los años de madurez de su producción intelectual.

Junto con la comprensión de su circunstancia, Ortega procura una intervención activa para su «salvación», motivación específicamente política. En sus primeros años, ambos objetivos van de la mano en sus ensayos, a través del medio periodístico, pero en los años veinte ya podemos observar cómo se van separando. La Liga de Educación Política Española, en que participó y fue presentada por él mismo en la conferencia de 1914 *Vieja y nueva política*, publicada en esta «Biblioteca de autor», tuvo corta duración, y los años siguientes fueron muy convulsos en Europa y en España: tras la crisis del gobierno de Antonio Maura, se produce el levantamiento de las Juntas de Defensa del Arma de Infantería en verano de 1917. A partir de ese momento, Ortega publicará de manera ininterrumpida la mayor parte de su obra en el periódico *El Sol*, fundado por Nicolás María de Urgoiti en diciembre de 1917. Había roto con *El Imparcial*, periódico familiar, en 1913 precisamente por desavenencias ideológicas. En 1916, Ortega emprende su propio proyecto de revista, con un declarado objetivo contemplativo y, por tanto, no expresamente político, con el primer volumen de *El Espectador*.

Aun así, especialmente en los primeros años de la década de los veinte, escribe numerosos artículos de tema y perspectiva políticos. La década en España estuvo marcada, tras el deterioro del régimen de la Restauración, y con la momentánea y tensa estabilidad europea de entreguerras, por la dictadura de Primo de Rivera. Iniciada en 1923, duraría ocho años, y Ortega respondería desde la rotativa ampliamente al devenir del nuevo régimen.

Mirabeau o el político es una obra en la que Ortega interpreta la política desde una distancia suficiente para sentar las bases teóricas con que reimpulsar una participación más activa, algo que sucederá en la década siguiente con la fundación de la Agrupación al Servicio de la República. El libro, cuya primera edición de 1927 en Revista de Occidente tiene el título *Tríptico I. Mirabeau o el político*, está compuesto por una serie de cinco artículos homónimos, publicados en *El Sol* entre el 23 de enero y el 20 de febrero de 1927, que dan contenido, con ligeras modificaciones, a los cinco primeros capítulos; y por dos artículos publicados en el mismo periódico poco después, «La política por excelencia», de 29 de mayo, y «La inteligencia del político», de 30 de julio de 1927. Este último conforma el octavo capítulo de la monografía, mientras que el artículo del 27 de mayo es incorporado por Ortega a los capítulos sexto y séptimo. Solo los tres primeros párrafos de este artículo se incluyen en el sexto capítulo, sin que se tenga constancia de que aparecieran antes en prensa los siguientes.

El *Mirabeau* es un ejemplo del género ensayístico biográfico que desarrolló Ortega con otros epígonos de generaciones históricas cruciales, como Goethe o Velázquez, para problematizar su función como modelos del modo de vida actual. Su aproximación a la figura del político francés comienza, en efecto, con la definición de su noción de «arquetipo», para ensayar a continuación la consistencia del político.

Incluimos en esta edición, además, los escritos políticos que enumeramos a continuación en orden cronológico. En primer lugar, «El momento español.— Políticos y técnicos», artículo publicado en *El Sol* el 26 de febrero de 1920. Del mismo año es «La "crisis histórica"», publicado en el mismo diario el 21 de abril. A continuación, recogemos el artículo «Imperativo de intelectualidad», que vería la luz en *España* el 14 de enero de 1922, en que Ortega ya promueve una demarcación del ámbito intelectual respecto a la política, pero con la esperanza del influjo del intelectual sobre la vida pública. También de este año, incluimos «Ideas políticas: ejercicio normal del Parlamento», publicado en tres entregas en *El Sol* los días 28 de junio, y 1 y 2 de julio, en defensa de la institución parlamentaria y de su mejora. Del año siguiente, «Sobre la vieja política», que publica en el mismo diario el 27 de noviembre, muestra la inicial y cautelosa convergencia de Ortega con el directorio militar recién instaurado, acotada en la común finalidad de acabar con los manes de la llamada «vieja política». En torno al artículo de 1923, ofrecemos el manuscrito publicado póstumamente «[Mi artículo "Sobre la vieja política"...]», en que Ortega se planteaba responder al editorial que *El Sol* publica al día siguiente en desacuerdo con el filósofo. «[El intelectual y la política]», datado en 1924, constituye otro artículo que Ortega no llega a entregar, sobre la temática aludida, dirigido al director del diario. A continuación, recogemos la serie de prensa «Entreacto polémico», dividida en tres entregas en *El Sol*, los días 15, 18 y 19 de marzo de 1925, en que defiende la profesión de realismo en política. Dirigido al antiguo gobernante conservador Antonio Maura, recién fallecido, publica «Maura o la política» en el mismo diario, en seis entregas, los días 18, 19, 22 y 31 de diciembre de 1925, y 7 y 10 de enero de 1926. En tono mucho más conciliador con su ejercicio que en años anteriores, Ortega ve en su propuesta de reforma local incoado un proyecto de «autonomía regional». También dedica al mismo político español el artículo «[Maura y la diversidad de España]», que no entrega a galeradas y cuya escritura está datada en primavera de 1926, donde continúa desarrollando la temática de la serie de prensa. Publicada en dos entregas en *El Sol* los días 14 y 17 de julio de 1926, incluimos «Dislocación y restauración de España», serie interrumpida, como señala su autor en el artículo «Selección» de 20 de agosto en el mismo periódico. Aunque no es expresado por Ortega en este artículo, que editamos a continuación, es probable que fuera interrumpida por la censura de la dictadura. Del año siguiente, recogemos «El poder social», publicado en el acostumbrado diario en cinco entregas, los días 9, 23 y 30 de octubre, y 6 y 20 de noviembre. La tercera entrega también aparece en el diario *La Nación* de Buenos Aires el día 27 de noviembre, con título «El escritor y el poder social». Ya en la nueva década, editamos el manuscrito «[Las elecciones y la vida nacional]», escrito en 1930, que consiste en unas galeradas para *El Sol* de probable escritura en junio de 1930, que finalmente no ven la luz, donde Ortega muestra su acuerdo con el diario *El Debate* sobre la conveniencia de unas elecciones municipales. Una vez hubo acabado el directorio militar, a finales de enero de 1930, serían celebradas las elecciones el 12 de abril de 1931, con el conocido resultado que provocó el advenimiento de la II República española. Cerramos el arco de fechas con la serie de dos artículos «No ser hombre de partido», publicados en el diario *La Nación*, los días 15 de mayo y 3 de junio de 1930; el 15 de junio aparece la segunda en *El Sol*, que amplía el penúltimo párrafo y añade uno más, modificación que luego mantendría en su inclusión en las *Obras completas*.

Los volúmenes de esta «Biblioteca de autor José Ortega y Gasset» presentan un texto nacido del trabajo filosófico, filológico e historiográfico del equipo del Centro de Estudios Orteguianos de la Fundación José Ortega y Gasset – Gregorio Marañón. La investigación se ha desarrollado durante más de una década y ha permitido depurar malas lecturas y erratas de ediciones anteriores, al tiempo que se han descubierto numerosos textos desconocidos, algunos de los cuales no se habían vuelto a publicar desde su primera edición y otros eran inéditos; en ambos casos, enriquecen esta «Biblioteca».

Se ofrece al lector el texto según la última versión que el autor publicó. En el caso de la obra editada de forma póstuma, se sigue el manuscrito más próximo a una versión definitiva. El exhaustivo análisis de los testimonios conservados en el archivo del filósofo ha permitido una fijación textual que en numerosos casos difiere de las ediciones anteriores. Se ha respetado esencialmente la puntuación del propio Ortega, aunque se ha revisado en el caso de la obra póstuma. Se conservan los rasgos estilísticos del autor —como por ejemplo su reconocible «rigoroso» frente al más común «riguroso»—, los resaltes expresivos y particularidades morfosintácticas de su uso lingüístico (mayúsculas para remarcar un concepto, concordancias *ad sensum*, leísmos, laísmos), así como las distintas grafías en nombres de personas y lugares.

En la medida de lo posible, se evita la intervención de los editores en el texto, de modo que se mantiene la versión original incluso cuando se ha detectado algún lapsus —generalmente de precisión de una fuente al citar el autor de memoria. No se pretende dar un texto perfeccionado sino aquel que Ortega entregó a las prensas o en el que trabajaba para su publicación si nos referimos a la obra que dejó inédita. Los añadidos de los editores van siempre entre corchetes, así como los títulos que no son originales del filósofo. Las notas al pie de los editores se indican con *.

En la edición de los textos del presente volumen han participado Ignacio Blanco Alfonso e Iván Caja Hernández-Ranera, quienes agradecen el trabajo de investigación y fijación textual previo de sus compañeros Carmen Asenjo Pinilla, Cristina Blas Nistal, José Ramón Carriazo Ruiz, María Isabel Ferreiro Lavedán, Iñaki Gabaráin Gaztelumendi, Patricia Giménez Eguíbar, Felipe González Alcázar, Alejandro de Haro Honrubia, Azucena López Cobo, Juan Padilla Moreno y Javier Zamora Bonilla.

Mirabeau o el político

I

Yo había leído este librito de Herbert Van Leisen, titulado
Mirabeau y la política real, con prólogo de Jacques Bainville,
esperando alguna nueva claridad sobre el magnífico pro-
venzal[1]. Siempre he creído ver en Mirabeau una cima del
tipo humano más opuesto al que yo pertenezco, y pocas cosas nos convienen más que informarnos sobre nuestro contrario. Es la única manera de complementarnos un poco.
Nada capaz para la política, presumo en Mirabeau algo
muy próximo al arquetipo del político. Arquetipo, no ideal.
No debiéramos confundir lo uno con lo otro. Tal vez el
grande y morboso desvarío que Europa está ahora pagan-
do proviene de haberse obstinado en no distinguir los
arquetipos y los ideales. Los ideales son las cosas según

1. Herbert Van Leisen: *Mirabeau et la politique royale.* Grasset, 1926.

19

estimamos que debieran ser. Los arquetipos son las cosas según su ineluctable realidad. Si nos habituásemos a buscar de cada cosa su arquetipo, la estructura esencial que la Naturaleza, por lo visto, ha querido darles, evitaríamos formarnos de esa misma cosa un ideal absurdo que contradice sus condiciones más elementales. Así, suele pensarse que el político ideal sería un hombre que, además de ser un gran estadista, fuese una buena persona. Pero ¿es que esto es posible? Los ideales son las cosas recreadas por nuestro deseo —son *desiderata*. Pero ¿qué derecho tenemos a considerar lo imposible, a considerar como ideal el cuadrado redondo?

Hace mucho tiempo he postulado una higiene de los ideales, una lógica del deseo. Tal vez lo que más diferencia la mente infantil del espíritu maduro es que aquélla no reconoce la jurisdicción de la realidad y suplanta las cosas por sus imágenes deseadas. Siente lo real como una materia blanda y mágica, dócil a las combinaciones de nuestra ambición. La madurez comienza cuando descubrimos que el mundo es sólido, que el margen de holgura concedido a la intervención de nuestro deseo es muy escaso y que más allá de él se levanta una materia resistente, de constitución rígida e inexorable. Entonces empieza uno a desdeñar los ideales del puro deseo y a estimar los arquetipos, es decir, a considerar como ideal la realidad misma en lo que tiene de profunda y esencial. Estos nuevos ideales se extraen de la Naturaleza y no de nuestra cabeza: son mucho más ricos de contenido que los píos deseos y tienen mucha más gracia. En definitiva: el «idealismo» vive de falta de imaginación. Todo el que sea capaz de imaginarse con exactitud realizado su abstracto ideal sufre una desilusión, porque ve entonces cuán sórdido y mísero era si se compara con la fabulosa cuantía de cosas deseables que la realidad, sin nuestra colaboración, ha inventado. Sería admirable que, para confusión de los «idealistas», aun de los mayores, de Platón o de Kant, un irónico taumaturgo dejase por unas horas reducido el universo a lo que éste sería según su esquemático programa.

El «ideal» al uso es menos, y no más, que la realidad. Así, el atributo de buena persona que imponemos al político ideal es muy fácil de imaginar y definir; en cambio, todo lo demás que constituye al gran político no podríamos jamás extraerlo de nuestra minerva, sino que necesitamos humildemente esperar a que la Naturaleza tenga a bien inventarlo ella, magníficamente, y se resuelva a parir un titán como Mirabeau. Una vez que está ahí, por obra y gracia de las potencias cósmicas, nosotros, ingratos y petulantes, nos apresuramos a censurar el engendro, porque no tiene las virtudes de un honrado y corriente burgués. La humanidad es como la mujer que se casa con un artista porque es artista y luego se queja porque no se comporta como un jefe de negociado.

El librito del señor Van Leisen está muy lejos de aclararnos punto alguno de importancia sobre Mirabeau. Pertenece a una clase de emanaciones impresas que cada día son más frecuentes, por mala ventura, en las letras de Francia. Son obras maniáticas, de angosto horizonte, que ni siquiera aspiran a la agudeza intelectual. Así, el señor Van Leisen, discípulo de Maurras, se propone, con el beneplácito de Bainville, no más que demostrar la identidad radical entre la política de Mirabeau y la de Luis XIV y Luis XV. Éste es el propósito; pero claro es que no hay ni la apariencia del logro.

La política de Mirabeau no tiene oscuridad alguna. Como los hechos de todo un siglo se encargaron de comprobar, fue la obra más clara que se intentó en la Revolución Francesa. Si algo en el mundo tiene derecho a causar sorpresa y maravilla, es que este hombre, ajeno a las Cancillerías y a la Administración, ocupado en un tráfago perpetuo de amores turbulentos, de pleitos, de canalladas, que rueda de prisión en prisión, de deuda en deuda, de fuga en fuga, súbitamente, con ocasión de los Estados Generales, se convierta en un hombre público, improvise, cabe decir que en pocas horas, toda una política nueva, que va a ser la política del siglo XIX (la Monarquía constitucional); y esto, no vagamente y como en germen, sino íntegramente y en su detalle; crea no sólo los principios, sino los gestos, la terminología, el estilo y la emoción del liberalismo democrático según el rito del Continente. En un instante, Mirabeau ve en todo su futuro desarrollo la nueva política, y ve más allá aún: ve sus límites, sus vicios, sus degeneraciones y hasta los medios de desacreditarla, que han sido, en efecto, lo que siglo y medio más tarde la han traído al desprestigio. Quien quiera convencerse de que este hecho portentoso ha acaecido y no es una fantasía ni un inexacto encarecimiento, lea cualquier libro sobre Mirabeau[1] —menos el del señor Van Leisen, que, a decir verdad, no pretende tampoco estudiar su fisonomía histórica.

Pero el pensamiento político es sólo una dimensión de la política. La otra es la actuación. Sin preverlo él mismo,

1. No conozco ningún buen libro sobre Mirabeau. Sospecho que no existe. Pero basta para confirmar lo que digo, la biografía de Louis Barthou en la colección de Hachette *Figures du passé*, 1913, que resume y completa las de Loménie y Stern.

Mirabeau encuentra en sí, mágicamente presto, el formidable instrumento para la nueva forma de vida pública: la oratoria romántica, la magnífica musa vociferante de los Parlamentos continentales, que sopla, como el espíritu divino sobre las aguas, sobre el alma líquida de las muchedumbres, haciendo tormentas e imponiendo calmas. El efecto de su primer discurso fue electrizante. Un testigo de la sesión —el reflexivo Dumont, nos lo dice: «En el tumultuoso preludio de las Comunas no se había oído aún nada comparable en fuerza y dignidad: fue como una delicia nueva, porque la elocuencia es el encanto de los hombres reunidos». Su estatura enorme, su cabeza de gigante y la cabellera ampulosa, que la aumentaba, le daban un aire de león.

Se dirá que todo eso —oratoria y pelambre y leonismo— es retórica. Ya es bastante que fuera retórica. Pero demos que sólo sea eso. No es retórica, en cambio, su valor personal y de la especie propia al político, que es el valor ante los encrespamientos multitudinarios. Si entera la Asamblea Nacional se levanta contra él, Mirabeau no se inmuta, no pierde un quilate de serenidad; al contrario: su mente se aguza, penetra mejor la situación, la hace transparente, la disocia en sus elementos y pasa gentil al otro lado, llevando a la rastra, domesticada, aquella misma Asamblea unos minutos antes tan arisca y tan fiera. (A esto llamaba él *déterminer le troupeau*). Del león, pues, tendría la retórica y la melena; pero también el coraje, la serenidad y la garra. (Este león decía en un discurso al chacal Robespierre: «Joven: la exaltación de los principios no es lo sublime de los principios»).

Más clarividente que los historiadores de un siglo después, no se dejó engañar por las quejas de hambre y carestía, tópico de la época que aquéllos han tomado en serio, enalteciendo ambas plagas hasta el rango de causas de la revolución. Francia estaba mejor que nunca, y, por lo mismo, necesitaba un Estado más ancho. Mirabeau lo percibe con toda evidencia y quisiera convencer de ello al rey mediante el ministro Montmorin. Por eso escribe a éste: «Francia no se ha sentido nunca más fuerte ni más saludable, intrínsecamente hablando; jamás ha estado tan cerca de desarrollar toda su estatura. El único mal que hay es el muy pasajero inconveniente de una Administración poco sistemática y el miedo ridículo de recurrir a la nación para constituir la nación».

Mirabeau no se apea de esto. Había inexorablemente llegado el tiempo de constituir la nación por medio de la nación misma, y todo lo demás eran zarandajas. Los expedientes y arbitrismos que se proponían a Luis XVI en forma de despotismos ilustrados o sin ilustrar, tiranías, dictaduras, le parecían puras superfluidades; peor: le parecían caminos funestos. Con la visión profética que abunda en sus locuciones, dijo a los palaciegos: «Así se conduce un rey al patíbulo».

No se comprende que mente tan sagaz confiase en que el rey habría de reconocer la situación. La clave está acaso en que Mirabeau, de espíritu liberal y democrático, era de alma y de raza un noble. Ahora bien; el noble, por muy inteligente que sea, por muy libre de prejuicios que se imagine, suele padecer un fatal misticismo palatino.

Sin embargo, en aquel estadio histórico no había más que una posibilidad seria: la Monarquía constitucional. Mirabeau fue el único que vio esto sin vacilaciones. Los demás, o eran demasiado monárquicos, o demasiado constitucionales. Descartados aquéllos por la violencia popular, fueron éstos —los archirrevolucionarios, los radicales— quienes hicieron fracasar la revolución. Pues no debe olvidarse que la Revolución Francesa —uno de los trozos más animados de la historia universal— fue un completo fracaso. Los principios por ella defendidos tardaron casi un siglo en lograr una aproximada y tranquila instauración. Fracasó porque en la Asamblea Nacional no había más que un político auténtico que, además, desapareció en 1791. Mirabeau sentía sumo desdén por aquellos colegas definidores, geómetras del Estado, que tenían la cabeza llena de fórmulas luminosas, tan luminosas, que los ofuscaban en el trato con las cosas. De ellos decía: «Yo no he adoptado jamás ni su novela ni su metafísica ni sus crímenes inútiles».

Dotado de una capacidad de trabajo fabulosa, Mirabeau era un organizador nato. Donde llegaba ponía orden, síntoma supremo del gran político. Ponía orden en el buen sentido de la palabra, que excluye como ingredientes normales policía y bayonetas. Orden no es una presión que desde fuera se ejerce sobre la sociedad, sino un equilibrio que se suscita en su interior.

Como siempre es delicioso contemplar la perfección, conmueve leer la historia de estos primeros tiempos revolucionarios, de esta primera etapa en la vida de la Asamblea, porque se ve a un hombre que posee el genio de su oficio henchir sobradamente el perfil de éste, moverse elástico y triunfante, rebosar toda circunstancia. La Asamblea se veía forzada a tomar medidas que la defendieran del poder sugestivo que sobre ella misma ejercía este único varón. Su muerte fue declarada desdicha nacional, y su enorme cadáver inauguró el Panteón de Grandes Hombres.

Pero he aquí que después fueron descubiertas las pruebas de su venalidad. Mirabeau, que era cuanto acabo de decir, era además un hombre inverecundo. En seguida el pedante que siempre está a punto, a la sazón Joseph Chénier, pidió la palabra en la Asamblea y propuso que los restos de Mirabeau fuesen extraídos del Panteón, «considerando que no hay grande hombre sin virtud». ¡La gran frase!

Ella nos plantea la cuestión. Porque la historia de Mirabeau recuerda gravemente la de César y, en varia medida, la de casi todos los grandes políticos. Con rara coincidencia, el gran político ha repetido siempre el mismo tipo de hombre, hasta en los detalles de su fisiología.

II

«Considerando que no hay grande hombre sin virtud», dijo Joseph Chénier para denigrar la memoria de Mirabeau. Se comprende que todo el mundo le hiciese caso, porque había dicho una «frase», y durante mucho tiempo, el europeo ha necesitado para vivir respirar frases como balones de oxígeno[1].

Yo propongo ahora al lector que cargue un rato su atención sobre esa «frase» y procure analizar con cautela su sentido. Chénier se refiere especialmente al grande hombre político; de suerte que al oír o leer la primera parte del juicio por él formulado, si queremos llenar de significación

---

1. La cuestión de las «frases» es más delicada e importante de lo que a primera vista parece. Quede ahora sin tocar; pero remito al lector al ensayo «Fraseología y sinceridad», publicado en el tomo V de *El Espectador* [en *El Espectador V y VI*, en esta colección].

las palabras «grande hombre», nuestra mente se orienta hacia realidades como César o Mirabeau. Avanzan entonces hacia nosotros, como heroicos fantasmas, las ciclópeas calidades de estos hombres o sus congéneres. Vemos su inagotable energía, la tensión constante de su esfuerzo, la fertilidad y monumentalidad de sus proyectos, la rapidez, la eficacia con que los ejecutan, la previsión genial de los acontecimientos, la entereza y serenidad con que acogen los peligros, el garbo triunfal de su actitud en todas las circunstancias. Si en algún momento, por descuido trivial, se nos ocurre calificar sus acciones de egoístas, nos corregimos al punto avergonzados, porque caemos en la cuenta de que en estos hombres el *ego* está ocupado casi totalmente por obras impersonales, mejor dicho, transpersonales. ¿Tiene sentido decir de César que era egoísta, que vivía para sí mismo? Pero ¿en qué consistía el «sí mismo», el «yo» de César? En un afán indomable de crear cosas, de organizar la historia. Por eso toma sobre sí, con la misma naturalidad, los grandes honores y las grandes angustias. Y es inaceptable que el hombre mediocre, incapaz de buscar voluntariamente y soportar estas últimas, discuta al grande hombre el derecho al grande honor y al gran placer.

Nuestro tiempo no hubiera nunca inventado estas dos palabras: magnanimidad y pusilanimidad. Más bien lo que ha hecho es olvidarlas, ciego para la distinción fundamental que designan. Desde hace siglo y medio todo se confabula para ocultarnos el hecho de que las almas tienen diferente formato, que hay almas grandes y almas chicas, donde grande y chico no significan nuestra valoración de esas almas, sino la diferencia real de dos estructuras psicológicas distintas, de dos modos antagónicos de funcionar la psique.

El magnánimo y el pusilánime pertenecen a especies diversas; vivir es para uno y otro una operación de sentido divergente y, en consecuencia, llevan dentro de sí dos perspectivas morales contradictorias. Cuando Nietzsche distingue entre «moral de los señores» y «moral de los esclavos», da una fórmula antipática, estrecha y, a la postre, falsa de algo que es una realidad innegable.

La perspectiva moral del pusilánime, certera cuando trata de juzgar a sus congéneres, es injusta cuando se aplica a los magnánimos. Y es injusta sencillamente porque es falsa, porque parte de datos erróneos, porque al pusilánime le suele faltar la intuición inmediata de lo que pasa dentro del alma grande. Así en la cuestión que ahora tangenteamos. El magnánimo es un hombre que tiene misión creadora: vivir y ser es para él hacer grandes cosas, producir obras de gran calibre. El pusilánime, en cambio, carece de misión; vivir es para él simplemente existir él, conservarse, andar entre las cosas que están ya ahí, hechas por otros —sean sistemas intelectuales, estilos artísticos, instituciones, normas tradicionales, situaciones de poder público. Sus actos no emanan de una necesidad creadora, originaria, inspirada e ineludible —ineludible como el parto. El pusilánime, por sí, no *tiene* nada que hacer: carece de proyectos y de afán riguroso de ejecución. De suerte que, no habiendo en su interior «destino», forzosidad congénita de crear, de derramarse en obras, sólo actúa movido por intereses subjetivos —el placer y el dolor. Busca el placer y evita el dolor. Este modo de funcionar vitalmente que en sí encuentra le lleva a suponer, por ejemplo, que si un pintor se afana en su oficio es movido por el deseo de ser famoso, rico, etcétera. ¡Como si entre el deseo de fama, riqueza, delicias, y la posibilidad de pintar este o aquel gran cuadro, de inventar un estilo determinado, existiese la menor conexión! El pusilánime debía advertir que el primer pintor famoso no se pudo proponer ser *un* pintor famoso, sino exclusivamente pintar, por pura necesidad de crear belleza plástica. Sólo *a posteriori* de su vida y obra se formó en la mente de los otros, especialmente de los pusilánimes, la idea o ideal de ser «famoso pintor». Y entonces, sólo entonces, atraídos en efecto por las ventajas egoístas de ese papel —«ser famoso pintor»—, empezaron a pintar los pusilánimes, es decir, los malos pintores.

¿No es cómico que se califique a César de ambicioso? ¡Hay que ver! ¡César pretendía nada menos que ser un César, y Napoleón tuvo la avilantez de aspirar durante toda su vida al puesto ilustre de Napoleón! Este gracioso contrasentido resulta siempre que se considere la vida del grande hombre, u hombre de obras, bajo la perspectiva moral y según los datos psicológicos del hombre menor, sin destino de creación.

Pero la verdad es muy diferente: la previsión de placeres y honores tuvo sobre el alma de César tan poca influencia como, viceversa, la evitación de dolores. Así como el deseo de eludir sufrimientos no le apartó de su obra, tampoco le movió a ella la esperanza de delicias. Esto es lo que no comprenderá nunca bien el pusilánime: que para ciertos hombres la delicia suprema es el esfuerzo frenético de crear cosas —para el pintor, pintar; para el escritor, escribir; para el político, organizar el Estado.

La oposición entre egoísmo y altruismo pierde sentido referida al grande hombre, porque su «yo» está lleno hasta los bordes con «lo otro»: su *ego* es un *alter* —la obra. Preocuparse de sí mismo es preocuparse del Universo.

La «frase» de Chénier, en su segunda parte, habla de virtudes. Pero éstas no son esas cualidades que hemos descubierto en César o Mirabeau —no son las virtudes o virtualidades del grande hombre. Son, por el contrario, las maneras normales de comportarse los pequeños hombres, las almas chicas. Chénier exige a Mirabeau que sea Mirabeau y además que sea el señor Duval, uno de los varios millones de señores Duval que componían la mediocridad de Francia o de cualquier otro pueblo en cualquiera otra época. Porque, en efecto, estos millones de hombres son virtuosos: no estafan, no mienten, no estupran. Todo su valer se reduce a *no hacer* ninguna de esas cosas, en efecto, inmorales.

Conste, pues, que no me ocurre disputar el título de virtudes a la honradez, a la veracidad, a la templanza sexual. Son, sin duda, virtudes; pero pequeñas: son las virtudes de la pusilanimidad. Frente a ellas encuentro las virtudes creadoras, de grandes dimensiones, las virtudes magnánimas. Chénier no quiere reconocer el valor substantivo de éstas cuando faltan aquéllas, y esto es lo que me parece una inmoral parcialidad en favor de lo pequeño. Pues no es sólo inmoral preferir el mal al bien, sino igualmente preferir un bien inferior a un bien superior. Hay perversión dondequiera que haya subversión de lo que vale menos contra lo que vale más. Y es, sin disputa, más fácil y obvio no mentir que ser César o Mirabeau. Ni fuera exagerado afirmar que la inmoralidad máxima es esa preferencia invertida en que se exalta lo mediocre sobre lo óptimo, porque la adopción del mal suele decidirse sin pretensiones de moralidad, y, en cambio, aquella subversión se encarece casi siempre en nombre de una moral, falsa, claro está, y repugnante.

En vez de censurar al grande hombre porque le faltan las virtudes menores y padece menudos vicios, en vez de decir que «no hay grande hombre sin virtud», en vez de coincidir con su ayuda de cámara, fuera oportuno meditar sobre el hecho, casi universal, de que «no hay grande hombre con virtud»; se entiende con pequeña virtud. Esto es lo que, en una u otra proporción, pero con escandalosa insistencia, nos muestra la historia. Y en lugar de evadirnos por la dimensión vana de una «frase», debemos hincar ahí el bisturí del análisis. El pensamiento no nos ha sido dado para eludir los problemas, los agudos problemas bicornes, sino al contrario: para citarlos a cuerpo limpio y mancornarlos.

Es posible que el régimen de magnanimidad —sobre todo en el hombre público— incapacite para el servicio a las virtudes menores y arrastre consigo automáticamente la propensión para ciertos vicios. Esto es lo que puede verse con alguna claridad en el caso de Mirabeau.

Es preciso ir educando a España para la óptica de la magnanimidad, ya que es un pueblo ahogado por el exceso de virtudes pusilánimes. Cada día adquiere mayor predominio la moral canija de las almas mediocres, que es excelente cuando está compensada por los fieros y rudos aletazos de las almas mayores, pero que es mortal cuando pretende dirigir una raza y, apostada en todos los lugares estratégicos, se dedica a aplastar todo germen de superioridad.

Veamos, veamos un poco más de cerca a Mirabeau, por lo mismo que es de nuestro problema un caso extremo: el más inmoral de los grandes hombres.

III

Veamos, veamos qué fue, como máquina psicofísica, como aparato vital este Mirabeau. Con tal fin voy a enumerar lacónicamente los hechos principales de su vida, subrayando, sobre todo, los que han motivado la fama de inmoral.

Nace en Provenza en 1749. Por ambas alas familiares, numerosos dementes. Sobre todo, los Mirabeau venían siendo, de muchas generaciones atrás, unos frenéticos. Los Mirabeau podían denominarse los Karamazof gascones. El padre de nuestro héroe, hablando de su familia, la llamará «tempestiva raza». En 1767, el marqués de Mirabeau —economista, publicista, «amigo de los hombres», absurdo, inquieto— envía a su hijo, el pequeño gigante Gabriel, a un regimiento. Gabriel reúne dieciocho años. Apenas llega, tiene una formidable cuestión con el coronel. Su padre pide una orden de prisión, y este diabólico arcángel Gabriel entra por vez primera en la cárcel. Poco después es libertado. Retorna a casa. Es un vendaval de actividad. Estudia la tierra de Mirabeau, dibuja planos contra las inundaciones; trabaja, toma notas sobre el estado de los cultivos entre los campesinos, que le adoran. Su padre le llama *monsieur le Comte de Bourrasque*. Su padre le detesta y él a su padre. Marqués y marquesa riñen y se separan. Comienza entre ellos un pleito de intereses. Incitado por su padre, Gabriel atacá a su madre violentamente.

El viejo economista quiere organizar en sus tierras y confinantes una oficina de *prudomía* para que los campesinos diriman entre sí sus querellas. Gabriel logra esta organización, que parecía imposible. Va, viene, insinúa, aplaca, armoniza, convence. Entretanto, pobre, hace deudas.

Se casa en 1772. Crecen las deudas. Descubre un desliz de su mujer. La perdona. Apretado por los acreedores, tiene que entrar nuevamente en prisión. Sale de ella en 8 de junio de 1774. El 21 de agosto insultan a su hermana y él se bate para ampararla, con lo cual el 20 de septiembre vuelve a la cárcel, en el castillo de If, donde son enviadas órdenes de extremado rigor en el tratamiento. Su mujer no le quiere acompañar, y Mirabeau, desde el castillo, riñe con su mujer. Conquista la benevolencia del gobernador, *monsieur* d'Allegre, y se hace dueño de la situación. También se hace dueño de la única mujer que hay en el castillo: la mujer del cantinero.

Es trasladado al castillo de Joux bajo órdenes no menos severas. No se le permiten libros ni nada. Conquista al gobernador, *monsieur* de Maurin y probablemente a su mujer. Consigue libros. Lee frenéticamente, toma notas, compone memorias; por ejemplo: sobre las *Salinas del Franco-Condado*, que es el problema más inmediato al sitio donde se encuentra. *Monsieur* de Maurin corteja a una dama: Sofía de Monnier. La invita a comer, juntamente con su detenido. Sofía se enamora del detenido. Mirabeau entra y sale a su antojo. Publica en Neuchâtel el *Ensayo sobre el despotismo* —un libro farragoso. Para publicarlo contrae nueva deuda con el librero. El gobernador, ofendido como rival y comprometido por la publicidad que la deuda da a las salidas de Mirabeau, escribe a éste que se reintegre a la prisión. Mirabeau, lejos de recluirse, contesta insultando al gobernador. Pasa la frontera suiza y se detiene en Verrières. ¿Qué hacer con Sofía? Sofía está locamente enamorada de él. Lo dejará todo por su amante. Usa una de las primeras divisas románticas: «Gabriel o morir». ¿Qué hacer con

Sofía, sin medios económicos ningunos, este hombre que iba formando sobre sus hombros un universo de deudas? Su hermana y su sobrina —de veintitrés años— van a su encuentro. De paso, Mirabeau no dejará de seducir a su sobrina. Mirabeau dirá de sí mismo que es un «atleta en amor». ¿Qué hacer con Sofía, a quien, efectivamente, ama? Comprende que raptarla es una locura capaz de hacer ya insoluble su apurada situación. No obstante, llama a Sofía. Es aceptar el compromiso de volver a empezar la vida. La familia de Sofía cae sobre él: nuevos procesos. Se le acusará de haber raptado a Sofía para apropiarse sus dineros. Y, en efecto, Sofía quisiera llevar algún dinero. Esto es un hecho que sus cartas prueban.

Perfectamente. Pero es un hecho también que ambos amantes huyen sin un ochavo y recalan en Amsterdam. Mirabeau se pone a traducir para ganar algo. Ha aprendido él solo inglés y cuatro o cinco idiomas más. Trabaja fieramente desde las seis de la mañana. Entretanto, le persiguen el Poder público, su padre, la familia de su amante. Lleva sobre sí un enjambre de procesos. Pero él, mientras atiende a éstos y traduce y ama, cultiva la música y escribe un ensayo estético sobre este arte melifluo, un ensayo que está muy bien de fondo y mejor de título: *El lector pondrá el título*. Éste es el título. Parece de hoy.

Como antes había atacado a su madre, escribirá ahora una memoria contra su padre, que no cesa de perseguirle. La consecuencia de todo ello es una demanda de extradición. Se envía contra él para darle caza un feroz policía: Bruquières, que, en efecto, detiene a la pareja para hacerse a poco su más fiel y leal servidor. Mirabeau ha conquistado al policía.

Mas, por lo pronto, tiene que ingresar en el castillo de Vincennes, una de las altas prisiones de Francia, Mirabeau asciende en su categoría de perpetuo encarcelado. Cada vez su prisión es más prisión, de más rango, de más cadenas.

Esta vez la reclusión va a durar de 1777 a 1780. Tres años «en un calabozo de diez pies de ancho». ¿Qué hará allí esta magnífica fiera? Sin duda, hozar con su alma de gran felino. Por lo pronto, se las arreglará para escribir a Sofía carta sobre carta. Este epistolario se publicó después con enorme escándalo. Porque en el calabozo de diez pies, contraída la sensualidad gigantesca de su temperamento, se escapará por la dimensión literaria. En las cartas a Sofía vierte materias de toda índole: ensayos oratorios y líricos, consideraciones morales, efusiones sinceras, pornografía y hasta trozos de libros y revistas que da como suyos. Empieza una carta: «Escucha, amiga mía, voy a verter en el tuyo mi corazón», y lo que vierte, en realidad, es un artículo ajeno del *Mercurio de Francia*[1]. Me interesa mucho subrayar este dato.

En este tiempo compone una memoria, mansamente dirigida a su padre, defendiéndose. Además, compone cuentos, diálogos, tragedias; traduce a Tácito, Tibulo, Boccaccio; escribe para Sofía un estudio sobre la inoculación y una gramática; estudia el islamismo y el Korán; comienza una historia de los Países Bajos. Además, escribe libros pornográficos. ¿Nada más? No; todavía más. Entre los prisioneros está un señor Baudoin de Guémadeuc, que tiene una amante, la señorita Julia, a quien Mirabeau no ha visto ni verá jamás. No obstante, entabla con ella una larga correspondencia, llena de gracia, de amenidad y de mentiras.

1. Así dice Barthou en su biografía, pág. 66.

Se presenta como persona de grande influencia en la Corte. La señorita Julia no tenía importancia alguna. ¿A qué, pues, esta farsa y el esfuerzo que supone? Subraye también este hecho el curioso lector.

Entre los libros compuestos en Vincennes, hay uno cuya publicación tuvo enorme resonancia: sus estudios *Des lettres de cachets et des prisons d'Etat*. Prisionero Mirabeau, quiere organizar seriamente las prisiones en general y reformar las instituciones. La política de la Asamblea está anticipada en este ensayo. Entretanto, feroces cólicos nefríticos.

«Desnudo como un gusano» sale Mirabeau del calabozo en 1780. Está en los treinta años. ¿Por qué no descansar un poco? ¿Descansar? Le esperan a la puerta, como prevenidos lobos, los dos procesos más graves. Uno, provocado por el marido de Sofía Monnier; otro, por sus suegros. En las actuaciones, que fueron públicas, se agolpaba la muchedumbre. Es aventado a los cuatro puntos cardinales todo su pretérito. No hay que decir el escándalo producido en toda Francia por esta vida turbulenta, a que la Justicia —siempre un poco pedante— se encarga de dar notoriedad oficial.

Mirabeau ha conseguido la fama a fuerza de insensateces; una fama negativa, lastrada de pecados capitales. Es una ascensión a la inversa.

Sí; pero llega, en el proceso, el momento en que se concede la palabra al acusado. Y da la casualidad de que el acusado es Mirabeau. Y da la casualidad de que el acusado tiene una pequeña substancia mágica que nombramos con un vocablo tonto, pueril, propio para la terminología de los cuentos de niños; tiene... genio. Y hace un discurso judicial, una cosa que nunca había hecho. Y ese discurso es una creación perfecta, y jueces, testigos y público oyen lo que no habían oído nunca: la palabra, nada, un poco de aire estremecido que, desde la madrugada confusa del Génesis, tiene poder de creación. De modo que, en un instante, aquellas circunstancias desastrosas son transmutadas en un triunfo. La ascensión negativa cambia de signo, se hace positiva, y la fama adversa, con todo su lastre de fango, se convierte en gloria. Estamos en 1783.

La gloria, pero no el dinero. La gloria, como sus fenómenos hermanos —el orto y la puesta del sol— tiene el hábito del oro, pero no su materia: tiene el amarillo y la refulgencia. Mirabeau comienza por tercera o cuarta vez su vida, glorioso e impecune. En 1784 empeña, en el Monte de Piedad, «su» traje bordado de plata, con su casaca y pantalón y su casaca de paño con plata semiluto y encajes de invierno. Poco después contrae, juntamente con su madre, un préstamo usurario de 30.000 libras: otra insensatez. Y comienza de pronto una vida opulenta, con gran tren, carrozas, comidas y ningún orden económico. (Recuérdese César, recuérdese Wagner). De una vez para siempre nació sensual y necesitaba las delicias como el pulmón necesita el aire. Pero fíjese el lector. Este hombre ha pasado tres años en un calabozo de diez pies, sin delicia alguna. ¿Qué ha hecho su pulmón? ¿Ahogarse? Hemos visto la fabulosa actividad desarrollada durante ese encarcelamiento. ¿En qué quedamos, pues? La contradicción es sólo aparente. Un alma fuerte es fuerte en sus apetitos; necesita mucho muchas cosas; pero, a la vez, es fuerte para renunciar, para no necesitar cuando el caso forzoso llega.

Entra en su vida madama de Nehra, una holandesita de diecisiete años, dulce y buena, que pondrá un poco de sentido común y de orden en la vida frenética de este hombre. Comienzan los años de viaje: Inglaterra, Alemania. Mirabeau estudia el Continente. Se informa de la política y de la economía, de sus problemas inminentes, de sus posibilidades. Escribe sobre estas materias, sobre todo se ocupa de asuntos financieros; por ejemplo: sobre el Banco de España, llamado de San Carlos. La resonancia de estas publicaciones es tan grande, que en un momento llegó a influir en la balanza de la Bolsa continental. El Banco de San Carlos quiso comprar su pluma. Pero Mirabeau, que seguía siendo pobre, rehusó. Porque sus campañas desarrollaban una idea política, y Mirabeau no estaba dispuesto a combatir su propia idea. Este hecho nos va a dar la clave de lo que se ha llamado su venalidad. Ya veremos la graciosa paradoja en que se resuelve esta gran acusación, y que se puede anticipar y resumir diciendo: el venal Mirabeau es uno de los hombres que se han vendido menos, si se advierte que es uno de los hombres que más se ha querido comprar. El pusilánime, al hacer su cuenta al grande hombre, olvida siempre el otro factor, que es el esencial: su grande hombría.

En 1787 vuelve a Francia. La nación está encinta de grandes acontecimientos. Hay un desasosiego universal en la sociedad. Todos, los de arriba y los de abajo, presienten que es preciso hacer algo; pero nadie sabe qué. Mirabeau ve al punto, con indefectible seguridad, que su vida va a confundirse con la vida de Francia. Todo aquel privado frenesí de veinte años, toda aquella acumulación de saberes, de noticias, de proyectos, aquella energía, aquella capacidad de trabajo, aquella fruición en el conflicto, aquella voz de trompeta de postrimería, aquella fluencia verbal, va a insertarse en un punto de la historia.

Mirabeau reclama la reunión de los Estados Generales para 1789. Su voz, de fuerza cósmica, de diabólico arcángel, anuncia el juicio final del Antiguo Régimen. Tiene cuarenta años. Es un gigante obeso, con el rostro picado de viruelas.

IV

Convocados los Estados Generales, Mirabeau busca en su Provenza natal electores. Va a Aix y a Marsella, donde se percata de las dimensiones que ha adquirido su popularidad. No obstante, sus congéneres los nobles de Provenza, con una hipersensibilidad de ayudas de cámara, quieren evitar la contaminación de su presencia y le excluyen del estado noble. Mirabeau no se inmuta. Pocos días después se producen graves revueltas en Marsella, tan graves, que el Poder público se declara incapaz de reprimirlas, y entonces los nobles de Marsella recurren a Mirabeau, el revolucionario excluido de sus rangos por sus «opiniones subversivas del orden público y atentatorias a la autoridad real». ¿Qué hará Mirabeau cuando se le pide que vaya a Marsella para corregir, contener y castigar al pueblo mismo que poco antes le aclamaba y cuya adhesión era su única fuerza? Mirabeau es el político por la gracia de Dios, el hombre de Estado nato, y no duda un momento. Va a Marsella, y, sin perder un minuto, organiza a jóvenes burgueses y obreros en una milicia ciudadana, que impone pronto el orden. Mirabeau permanece cuatro días seguidos sin dormir. Pacificada Marsella, brota la revuelta en Aix, y Mirabeau sale a galope, sin tomar descanso, hacia la villa de cuya nobleza ha sido borrado. Mirabeau será elegido representante del Tercer Estado por el departamento de Aix.

En la primera sesión de los Estados Generales se forma un vacío en torno al lugar donde Mirabeau ha tomado asiento. Es un apestado. Pocos días después es el conductor de aquel rebaño turbulento. Gracias a él, el trabajo parlamentario toma una dirección y un orden. Él mismo hará frente, con una capacidad de labor verdaderamente legendaria, a todos los asuntos. Para ello necesita sostener una oficina con numerosos secretarios. Pero Mirabeau sigue impecune. Ocupado en la cosa pública, mal puede atender a su privado presupuesto. Sin embargo, vive y mantiene su hueste de colaboradores, y produce, y crea. Es una obra de magia. La gente recelará subvenciones inconfesables, y cada movimiento de su táctica política será atribuido a alguna simonía. Como nadie sabe nada concreto, se construye imaginariamente la historia de su venalidad. ¿No es el más rico y el más ambicioso hombre de Francia el duque de Orleáns? Mirabeau se ha vendido al duque de Orleáns. Pero he aquí que el conde de la Mark, testimonio irrecusable por su carácter y posición, nos dice que mientras se acusaba a Mirabeau de haberse vendido al arca más repleta de Francia, Mirabeau, tímidamente, iba a pedirle prestados unos luises. Pero entiéndase bien: no rehusaba el oro de Orleáns por razones de virtud íntima. Mirada según su óptica moral, esta pulcra renuncia significaría una inmoralidad y una estupidez. No tenía derecho a entorpecer su acción pública por darse el gusto de mantener una pulcritud privada. No pidió dinero al duque de Orleáns porque este personaje le parecía incompatible con su política. La venalidad de Mirabeau —esto es lo esencial— fue siempre articulada con la trayectoria de su táctica política, y no era más que un ingrediente de ésta.

La política de Mirabeau era una política clara. Tan clara, que el Continente no ha podido seguir durante todo un siglo otra política que la anticipada genialmente por él. Ahora bien; una política es clara cuando su definición no lo es. Hay que decidirse por una de estas dos tareas incompatibles: o se viene al mundo para hacer política, o se viene para hacer definiciones. La definición es la idea clara, estricta, sin contradicciones; pero los actos que inspira son confusos, imposibles, contradictorios. La política, en cambio, es clara en lo que hace, en lo que logra, y es contradictoria cuando se la define. Recuérdese el dicho de Einstein a propósito de la geometría, que es un puro sistema de definiciones. «Las proposiciones matemáticas, en cuanto tienen que ver con la realidad, no son ciertas, y en cuanto que son ciertas, no tienen que ver con la realidad». La física se parece mucho a la política, porque en ambas lo real ejerce su imperativo sobre lo ideal o conceptual.

La política de Mirabeau, como toda auténtica política, postula la unidad de los contrarios. Hace falta, a la vez, un impulso y un freno, una fuerza de aceleración, de cambio social, y una fuerza de contención que impida la vertiginosidad. El impulso de 1789 era la nueva burguesía y su credo racional; el freno era el pasado de Francia, resumido en la autoridad Real. Con motivo de la Declaración de los Derechos, la magnífica definición abstracta en que fructifican dos siglos de razón pura, Mirabeau dijo: «No somos salvajes recién llegados de las riberas del Orinoco para formar una sociedad. Somos una nación vieja, tal vez demasiado vieja para nuestra época. Tenemos un Gobierno preexistente, un Rey preexistente, prejuicios preexistentes. Es preciso, en lo posible, acomodar todas estas cosas a la Revolución y salvar la subitaneidad del tránsito».

¡La subitaneidad del tránsito! ¡Admirable expresión, que condensa todo el método político y diferencia a éste de la magia![1] El revolucionario es lo inverso de un político: porque al actuar, obtiene lo contrario de lo que se propone. Toda revolución, inexorablemente —sea ella roja, sea blanca—, provoca una contrarrevolución. El político es el que se anticipa a este resultado, y hace a la vez, por sí mismo, la revolución y la contrarrevolución.

La Revolución era la Asamblea que Mirabeau dominaba. Necesitaba también dominar la Contrarrevolución, tenerla en su mano. Necesitaba el Rey. De aquí su afán por penetrar en Palacio. Pero los conservadores —Rey, aristocracia— son también definidores, como los radicales, y sentían repulsión hacia Mirabeau. Es probable que los desastres subsiguientes se hubiesen evitado aceptando la idea simplicísima de Mirabeau: unión de Palacio y Asamblea en un Ministerio de representantes. Los radicales hicieron imposible esta decisión decretando la incompatibilidad del cargo de ministro con el de diputado.

Cegado este camino llano de llegar a Palacio, tuvo Mirabeau que tomar el tortuoso y secreto. Ésta fue la famosa venta que de sí hizo el grande hombre. El sueldo que debía, por derecho histórico, por obligación superior, haber

---

1. También aquí se advierte la semejanza con la física. La gravedad de Newton es un resto de magia, porque actúa súbitamente, sin duración de tránsito. Toda la nueva física —la relativista— se propone evitar la subitaneidad del tránsito.

recibido como ministro, lo recibió como consejero priva-do. Con el dinero, lo primero que hizo este apasionado lec-tor fue comprar la mejor biblioteca de Francia, la biblioteca de Buffon.

Poco después, el 2 de abril de 1791, Mirabeau moría por una inflamación del diafragma. Luego, vino el diluvio.

Si oteamos esta vida con mirada de psicólogos, veremos destacarse luminosamente ciertos rasgos constantes. Pri-mero, la impulsividad. Para Mirabeau, vivir era responder inmediatamente con un acto a la excitación que del contor-no recibía. Reflexiona después de hallarse fuera de sí, comprometido en la acción. En quien no es impulsivo, el pensamiento precede al acto; es decir: se hace cuestión del acto mismo, anticipándolo en forma de idea. Esto trae con-sigo que el acto no se decida y ejecute sino cuando ha sido aprobado en tanto que idea. Como las relaciones entre las ideas son muy complicadas, el no impulsivo, el reflexivo, decide casi siempre no actuar. Mirabeau no se hacía cues-tión de sus actos sino después de hallarse en ellos, y su pen-samiento atendía sólo a perfeccionar la ejecución. Segun-do, el activismo. Consecuencia de la impulsividad es que se necesite constantemente la acción. Como Mirabeau decía de sí mismo, sólo podía vivir «una vida ejecutiva». Vivir, para él, no es pensar, sino hacer. ¿Qué? Lo que se pueda: raptar una dama, arreglar las salinas del Franco-Condado, ya que se está en la cárcel cerca de ellas; escribir farsas a la señorita Julia, atacar a los agiotistas, reprimir motines, organizar el Estado y, si no se puede otra cosa, copiar, copiar páginas de libros. Todo menos soñar; es decir: imaginar que se hace algo sin ha-cerlo. Almas así sienten profunda repugnancia a esa suplan-tación del acto que es su imagen o idea, su espectro.

Tenía veintiséis años cuando, encarcelado en el fuerte de Joux, escribió a su tío estas líneas: «Los tiempos se regeneran, la ambición es hoy permitida. Salvadme, os lo pido, de esta fermentación terrible en que me encuentro, que podría destruir el efecto producido sobre mí por las reflexiones y las desdichas. *Hay hombres que es preciso ocupar*. La actividad, que lo puede todo y sin la que nada se puede, tórnase turbulencia cuando carece de empleo y de objeto».

Esta confesión revela hasta qué punto sentía en su propio interior la necesidad de actividad. En la inercia, su torrencial activismo le ahogaba. He aquí lo más característico en todo grande hombre político.

El intelectual no siente la necesidad de la acción. Al contrario: siente la acción como una perturbación que conviene eludir, y sólo, cuando es forzosa, a regañadientes y de mala manera, ejecutar. Se complace, por el contrario, en intercalar cavilaciones entre la excitación y la actuación. Hay hombres que es preciso no ocupar en nada, y éstos son los intelectuales. Ésta es su gloria y tal vez su superioridad. En última instancia, se bastan a sí mismos, viven de su propia germinación interior, de su magnífica riqueza íntima. El intelectual de pura cepa no necesita de nada ni de nadie, porque es un microcosmos. La mujer, que es tan perspicaz en materia de secretos vitales, entrevé esta fiesta maravillosa que es el alma de un puro intelectual, esta constante diversión y *féerie* que acontece en una mente meditabunda. La entrevé, y por eso quiere asomarse más, abrir la cabeza del intelectual, como se abre una bombonera, y asistir al espectáculo secreto de las ideas danzarinas. Cuando no lo consigue se enfada y pide al Tetrarca, como Salomé, que le decapite, y es ella la que danza con la cabeza llena de danzas.

Hay, pues, dos clases de hombres: los ocupados y los preocupados; políticos e intelectuales. Pensar es ocuparse antes de ocuparse, es preocuparse de las cosas, es interponer ideas entre el desear y el ejecutar. La preocupación extrema lleva a la apraxia, que es una enfermedad. El intelectual es, en efecto, casi siempre, un poco enfermo. En cambio, el político es —como Mirabeau, como César—, por lo pronto, un magnífico animal, una espléndida fisiología.

La moral, psicológicamente, representa una preocupación, puesto que implica la detención de nuestras impulsiones hasta determinar si son debidas o indebidas. En el hombre normal, el acto no se dispara tan rápidamente después de deseado que no deje tiempo para hacerse cuestión moral de él, para preguntarse si es bueno o malo, para ver su cariz ético. Pero imagínese el funcionamiento de un alma impulsiva: su primer momento no es de ver ese cariz del acto, sino de comenzar desde luego su ejecución. Hay, pues, mucha injusticia en llamarle inmoral por haber querido aquel acto incorrecto. ¿Es que lo ha querido; es decir: que ha habido un instante en que lo ha visto, en que se ha colocado ante él *contemplativamente*? Eso es lo que hace el intelectual, el moral: contemplar sus propios actos. Por eso suele no ejecutarlos. Pero el impulsivo no se anda en contemplaciones. En él lo primario es ya el operar. Desde un punto de vista moral, lo único que cabe exigirle es que se arrepienta después de la acción consumada, ya que sólo entonces le es dado contemplarla.

No acusemos, pues, de inmoralidad al gran político. En vez de ello, digamos que le falta escrupulosidad. Pero un hombre escrupuloso no puede ser un hombre de acción. La escrupulosidad es una cualidad matemática, intelectual: es la exactitud aplicada a la valoración ética de las acciones. Si se examina con cuidado la vida de Mirabeau, de César, de Napoleón, se ve que la presunta maldad no es sino la inevitable falta de escrupulosidad aneja a todo temperamento activista y, por tanto, impulsivo. El mundo antiguo, que iba en todo hasta las últimas consecuencias, cuando decidió ser escrupuloso —en el estoicismo— tuvo que elegir como norma suprema la *epoché*, la inacción.

V

La vida de un grande hombre político cambia de aspecto en el momento en que empieza a actuar como hombre público. En el cauce de la publicidad, de dilatadas riberas, parece aquel torrente vital ganar sus propias dimensiones y con ello un curso de ritmo magnífico, fértil y majestuoso. Entonces el contemporáneo o el lector de la biografía comienza a aplaudir; le entusiasma la audacia, la infatigabilidad, la eficiencia de todos sus actos y gestos, la entereza inmutable con que aguanta el insulto y resiste al ataque, la presencia de espíritu con que gobierna su persona en medio de la tempestad política. Pero este entusiasmo tardío es un poco vil: se alaba el fruto después de haber denigrado la semilla. El contemporáneo o el lector de la biografía son injustos con la juventud del grande hombre político, que es semilla y raíz de su madurez fructuosa. Se quiere ignorar que no ha esperado para ser hombre público a que llegue la hora de su popular epifanía, sino que lo fue desde luego, y que la turbulencia y absurdo sesgo de su mocedad provienen precisamente de que, siendo ya, por su constitución orgánica, hombre público, tuvo que moverse en el angosto molde de la vida privada. En Napoleón se nota menos esta dolorosa contracción juvenil porque vive inscrito en el esquema de la disciplina militar, donde un rápido ascenso permitía la expansión graduada de su temple. Sin embargo, una breve demora en uno de estos ascensos produce en él tal depresión, que resuelve, según comunicó a un íntimo, desertar del Ejército francés y pasar a Turquía a fin de fundar allí un reino. Este fundador de reinos imaginarios en Turquía era a la sazón un pobre oficial, de uniforme traspillado, de cuerpo enfermo, de rostro verdoso y agudo, como el de una fuina, si no recuerdo mal mancillado por una sarna tenaz. Lo normal es, sin embargo, que el cachorro de grande hombre político tenga una juventud revuelta y atropellada, a veces tangente de la botatería. Así Temístocles, Alcibíades, César, Mirabeau. La última Edad Media vio esto mejor que nosotros y creó un género literario aparte para cantar la prehistoria tumultuosa de los grandes hombres. Llamósele «mocedades»; así *Les enfances Guillaume*, «Las mocedades del Cid».

Todas esas excelencias que se revelan en la hora ilustre suponen genio, ciertamente; pero también un substrato de ciertas condiciones orgánicas que aisladas parecen monstruosas. Tales son la impulsividad, el activismo e inquietud constantes, la falta de escrupulosidad. Sobre éstas va a caballo el genio; sin esas capacidades psicofisiológicas, que son como fuerzas brutas y poderes elementales —demoníacos, diría un antiguo—, no hay grande hombre político. La historia lo ve desde luego como estatua ecuestre, y así hace gran figura; pero en su juventud fue ya caballero a horcajadas sobre el aire, y fue potro suelto sin caballero. Las piezas de la estatua ecuestre, antes de ajustarlas, son dos imágenes monstruosas.

Cabe no desear la existencia de grandes hombres, y preferir una humanidad llana como la palma de la mano; pero si se quieren grandes hombres, no se les pidan virtudes cotidianas.

La escrupulosidad es una forma de bondad; pero no es la única. Y hay incongruencia en exigirla al hombre de acción, que es de acción porque es impulsivo. En la acción hay que evitar el *piétinement sur place*, y esto es el escrúpulo. Sólo podemos reclamar en el hazañoso una bondad homogénea con su temperamento: ésta es la otra forma de bondad, la bondad impulsiva, que no resulta de una deliberación, como la escrupulosidad, sino de la sanidad nativa de los instintos. Ahora bien: es interesante observar que esta sanidad de instintos, esta generosidad ubérrima brota en todas las biografías de grandes políticos, y permite diferenciar al falso del auténtico, a Sylla de César.

Tampoco debe extrañarnos la afición a la farsa que revela la vida de Mirabeau. Una y otra vez le sorprendemos mintiendo descaradamente. Al intelectual de casta le sobrecoge siempre ese don de la mentira que posee el gran político. Tal vez, en el fondo, envidia esa tranquilidad prodigiosa con que los hombres públicos dicen lo contrario de lo que piensan, o piensan lo contrario de lo que están viendo con sus propios ojos. Esta envidia descubre ingenuamente la virtud específica del buen intelectual. Su existencia radica en el esfuerzo continuo por pensar la verdad y una vez pensada decirla, sea como sea, aunque le despedacen. Éste es el máximum de acción que al intelectual corresponde: una acción que es, en rigor, una pasión. El hombre de pensamiento no puede, no debe aspirar a otra forma de heroísmo que al martirio. El mayor triunfo es el naufragio para este perpetuo navegante sobre Gólgotas de tres palos, como los bergantines.

Recíprocamente, al gran político le maravilla ese heroico servicio a la verdad que informa la vida del buen intelectual. Esta mutua admiración de dos temperamentos contrapuestos es simpática, como todo lujo generoso; pero se funda en un error. Cada uno de ambos proyecta sobre el otro su propia constitución, y al ver que en él da resultados contrarios, atribuye éstos a un esfuerzo gigantesco. Pero la verdad es que ni la mentira cuesta nada al político ni la veracidad al intelectual. Una y otra manan naturalmente de su distinta condición.

El intelectual vive, principalmente, una vida interior, vive consigo mismo, atento a la pululación de sus ideas y emociones. Nada en el mundo tiene para él realidad comparable a esas cosas íntimas. Por lo mismo, las ve y las distingue con inevitable claridad. Sabe en cada instante lo que piensa y por qué lo piensa. La idea verdadera y la idea falsa acusan terriblemente ante la mirada interior sus contrarios perfiles. Es natural que mentir le suponga un enorme esfuerzo, porque tiene que negar lo innegable, tiene que cegar su propia evidencia, suplantar su realidad íntima por otra ficticia.

El hombre de acción, en cambio, no existe para sí mismo, no se ve a sí mismo. El ruido de fuera, hacia el cual su alma está por naturaleza proyectada, no le deja oír el rumor de su intimidad. Falta ésta de atención y cultivo, anda desmedrada. Sorprende notar que todos los grandes hombres políticos carecen de vida interior. No es paradoja decir que no tienen personalidad. La tienen sus actos, sus obras; pero no ellos. Por esta razón —el fenómeno es muy curioso— no son interesantes. Para convencerse de ello basta informarse del sumo juez en materia de hombres interesantes: la mujer. ¿No es extraño que los grandes hombres políticos, al fin y al cabo grandes triunfadores de la vida, dueños del poder, de la riqueza, corporalmente destacados y aureolados sobre el resto de los varones, no hayan conseguido nunca, nunca, valiosos triunfos sobre la mujer? Ni siquiera César puede ser considerado como una excepción.

El caso de Mirabeau confirma plenamente esta regla. Su sensibilidad le inducía sin descanso hacia la mujer. Su audacia y su rumbo verbal le permitían cazar rápidamente la hembra predispuesta a ser cazada. Pero este tipo de cazador de mujeres no tiene nada que ver con el verdadero seductor. Son distintos ellos y son distintos los tipos de mujer sobre que actúan. Una cosa es conseguir favores de una mujer, y otra absorber íntegramente su alma. La que es capaz de hacer favores suele ser incapaz de entregar su alma, y viceversa. Esta última es la mujer interesante, la que vive hermética, cerrada en su íntimo recato, y que no puede conceder nada si no concede su vida entera. Salvo madama de Nehra, que era una niña, Mirabeau no conoció más que faldas, faldas, muchas faldas.

Esta carencia de vida interior da a la existencia privada del gran político un cariz de relativa vulgaridad, de basteza. Ni sus ideas ni sus gustos son precisos, originales, refinados. Mirado desde la óptica de un intelectual, el hombre de acción vive en constante *à peu près* íntimo. Poco más o menos, le es todo igual, porque le parece irreal. Lo importante para él son los actos. Cuando miente, en rigor no miente, porque no está adscrito íntimamente a nada determinado. Las palabras, y dentro de ellas las ideas, son para él tan sólo instrumentos. De otro modo: él no es sus ideas; cuando las finge no se niega, porque él no consiste en ellas. Viceversa, no acertará a ver la realidad íntima de los demás; sólo percibirá de ellos su facción utilizable. «Yo no puedo excomulgar a nadie —decía Mirabeau. En verdad, todo me parece bien: los sucesos, los hombres, las cosas, las opiniones; todo tiene un asa, un agarradero». La expresión es certera: el grande hombre político todo lo ve en forma de asa.

¡Bueno fuera que, obligado a resolver conflictos exteriores, llevase también en su interior conflictos! Por fortuna, existe lo que yo llamo un cutis de grande hombre, una piel de paquidermo humano, dura y sin poros, que impide la transmisión al interior de heridas desconcertantes. También habría incongruencia en exigir al político una epidermis de princesa de Westfalia o de monja clarisa.

* * *

Impulsividad, turbulencia, histrionismo, imprecisión, pobreza de intimidad, dureza de piel, son las condiciones orgánicas, elementales, de un genio político. Es ilusorio querer lo uno sin lo otro, y es, por tanto, injusto imputar al grande hombre como vicios sus imprescindibles ingredientes.

Pero claro está que no basta poseer éstos para ser un político de genio. Es preciso agregar el genio. Cuando éste falta, aquellas potencias no producen más que un mascarón de proa. Nada, en efecto, es más fácil de aparentar que la grandeza política. A la postre, si un intelectual no tiene ideas, no logrará fingir, por lo menos fingir bien, su intelectualidad ausente. Pero el gran político y el que no lo es se presentan igualmente con el poder público en la mano. Su atuendo, su talle, son los mismos para las miradas torpes.

¿Qué signos diferencian en esta materia la autenticidad de la ficción? Algunos, algunos hay; pero es difícil describirlos e intentarlo excede mi pretensión.

Lo discreto, de todos modos, es no hacerse ilusiones, por lo mismo que en política es tan fácil hacérselas. Yo, a ratos, logro convencerme de que soy un Napoleón porque, como él, no tengo más que sesenta pulsaciones por minuto. La confusión en mi caso no es grave, porque soy tan sólo un escritor.

VI

Es la política una actividad tan compleja, contiene dentro de sí tantas operaciones parciales, todas necesarias, que es muy difícil definirlas sin dejarse fuera algún ingrediente importante. Verdad es que, por la misma razón, la política, en el sentido perfecto del vocablo, no existe casi nunca. Casi todos los hombres políticos lo son meramente en parte. En el mejor caso, poseen con plena conciencia una u otra dimensión del político, y se contentan con ella, ciegos para las restantes.

Se dirá que política es tacto y astucia para conseguir de otros hombres lo que deseamos, y no se puede negar que, en efecto, sin eso no hay política. Pero, evidentemente, hace falta más. Hay quien, hiperestésico para los defectos de la justicia social, llamará política a un credo de reforma pública que proporcione mayor equidad a la convivencia humana. Y no hay duda de que sin cierto sentido, y como afición nativa a la justicia, no puede nadie ser un gran político. Pero esto es más bien la porción de idealidad moral que el hombre político lleva a su actuación pública. Hacer consistir en ello la política, es vaciarla de sí misma y llenarla de un pobre misticismo ético. Durante más de un siglo se ha cometido este error de perspectiva: se situaba en el centro del programa un cuerpo de doctrinas morales, y sólo en el segundo término se atendía a lo propiamente político. Otros dirán que política no es nada de eso, sino un buen sentido administrativo que sepa regir, como una industria, los intereses materiales y morales de una nación, etcétera, etcétera.

Repito que todo eso, y muchas cosas más, tienen que reunirse en un hombre para hacer de él un gran político. Viene a ser éste como un alto edificio, en que cada piso sostiene al que le sigue en la vertical. La política es la arquitectura completa, incluso los sótanos. En las páginas antecedentes he subrayado hasta qué punto el hombre público necesita las cualidades más extrañas, algunas de ellas de apariencia viciosa, y aun no sólo de apariencia. Son los cimientos subterráneos, las oscuras raíces que sustentan el gigantesco organismo de un gran político.

Me importaba mucho poner al descubierto esas potencias *demoníacas*, casi puramente zoológicas, que proporcionan la energía necesaria para el movimiento de tan enorme máquina como es uno de estos hombres creadores de historia. En ninguna otra figura humana, tanto como en el gran político, aparecen acusadas las facciones de Titán. Y el Titán es, a la vez, más que un hombre y menos que un hombre. Se hunde más hondamente que nuestra especie normal en los senos cósmicos, en lo infrahumano, donde sus raíces absorben las ígneas substancias de que se nutre la vida toda antes de ser vida, es decir, organización, regla, orden, norma. Y esta profundidad de sus cimientos le da fuerzas para sobrepasar la línea humana y llegar más allá, acercarse a las estrellas. En las figuras de Miguel Ángel aparece, magníficamente, esta doble condición superlativa del Titán: sus hombres son ya un poco dioses y todavía un poco chivos.

Ahora bien; no hay creación en ningún orden sin cierta dosis de titanismo —que es, en verdad, la ausencia de dosis, el absoluto lujo de vitalidad.

Me importaba, digo, subrayar esto, porque no creo posible la salvación de Europa si no se decide la humanidad de Occidente, perforando todos los prejuicios y remilgos de una vieja civilización, a buscar el contacto inmediato con la más nuda realidad de la vida, es decir, a aceptar ésta íntegramente en todas sus condiciones, sin aspavientos de un artificioso pudor. Durante siglos se ha obstinado Europa en evitar ese sincero reconocimiento. Una hipocresía radical nos ha llevado a no querer ver de la vida lo que las sucesivas morales declaraban indeseable, como si esto bastase para poder prescindir de ellas. No se trata de pensar que todo lo que es, puesto que es, además *debe ser*, sino precisamente de separar, como dos mundos diferentes, lo uno y lo otro. Ni lo que *es*, sin más *debe ser*, ni, viceversa, lo que *no debe ser*, sin más *no es*. Ningún otro continente se ha mostrado tan ligero, tan frívolo, tan pueril como el europeo en dar por no existente lo fatal. A esto se debe, en buena parte, la perpetua inquietud de su historia. Al adoptar posturas que no encajan en el marco de condiciones inexorables impuestas a la vida, se hacía ésta imposible, y forzoso buscar otra colocación, y así sucesivamente. La quietud de Asia, su mayor asiento sobre el haz de la existencia, procede, sin duda, de falta de heroísmo y de entusiasmo, pero a la vez de que se halla mejor engastada y en el soporte último de la vida.

Asia es conformista: para ella lo que es, debe ser. Europa es reformista: para ella lo que no debe ser, no es. Si algún sentido trascendente tiene el hecho de la convivencia intercontinental que caracteriza al siglo presente, será, a no dudarlo, hacer posible el mutuo complemento de esas dos tendencias exclusivas: la reforma emanada de una previa conformidad con lo real; la modificación ideal de la vida, que parte de haber reconocido previamente sus condiciones.

He aquí por qué me ha parecido de alguna oportunidad quitar la piel al grande hombre político, y mostrar, como en preparación anatómica, sus músculos rojos, sus venas azules, sus tendones lívidos. Pero claro es que ninguna de esas fuerzas zoológicas —sin las que no se da el gran político— son su política.

VII

Hay un sentido de la palabra «política» que me parece la cima de su complejo significado y que es, a mi juicio, la dote suprema que califica al genio de ella, separándolo del hombre público vulgar. Si fuese forzoso quedarse en la definición de la política con un solo atributo, yo no vacilaría en preferir éste: política es tener una idea clara de lo que se debe hacer desde el Estado en una nación.

Refirámonos a España, para evitar movernos en puras expresiones abstractas. Supongamos que alguien nos dice: «En España hay que afirmar el principio de autoridad y hay que hacer economías». Está bien: yo no niego que convenga hacer ambas cosas; pero niego que eso sea una política en el mejor sentido de la palabra. Por una razón para mí decisiva: la autoridad y las economías que se recomienda hacer, se hacen en el Estado español, no en la nación española. Y esta distinción es, en mi entender, lo decisivo.

El Estado no es más que una máquina situada dentro de la nación para servir a ésta. El pequeño político tiende siempre a olvidar esta elemental relación, y cuando piensa lo que debe hacerse en España, piensa, en rigor, sólo lo que conviene hacer en el Estado y para el Estado. Las economías no se hacen en España, sino en el Estado, y por muy importante que sea el lograrlas, carecen por sí mismas de verdadero valor nacional. Parejamente, la autoridad es necesaria, como condición previa para que la máquina Estado funcione; pero con poseerla no se ha hecho nada importante. La cuestión empieza cuando nos preguntamos: esa máquina del Estado, con sus economías y su autoridad, ¿cómo va a funcionar, a actuar sobre la nación? Esto es lo decisivo: porque la realidad histórica efectiva es la nación y no el Estado. El gran político ve siempre los problemas de Estado al través y en función de los nacionales. Sabe que aquél es tan sólo un instrumento para la vida nacional. Inversamente, el pequeño político, como se encuentra con el Estado entre las manos, tiende a tomarlo demasiado en serio, a darle un valor absoluto, a desconocer su sentido puramente instrumental.

Este error lleva a tergiversar por completo la esencial cuestión. Yo veo que casi todo el mundo —autoritarios como radicales— moviliza su intelecto en esta falsa dirección: ¿cómo es posible crear en España un Estado lo más perfecto que quepa imaginar? (Para el autoritario y para el radical, la perfección del Estado consiste en cualidades divergentes; pero el propósito es común: lograr un Estado perfecto). Para quien piensa que la perfección del Estado se halla fuera de él, en la perfección del cuerpo nacional, el pensamiento político tiene que volver del revés la cuestión: ¿cómo hay que organizar el Estado para que la nación se perfeccione?

La distinción no es ociosa ni utópica. Llega nuestro pueblo, como los demás de Europa, a un punto en que se ve forzado a inventar instituciones; esto es, una figura de Estado. La solución variará sobremanera según se halle dispuesto a ver el problema en una u otra forma. Rusia e Italia han preferido equivocarse, y *en vez de innovar profundamente*[1] han seguido la tradición utópica de los dos últimos siglos; han preferido el fantasma transitorio de un Estado «perfecto» al porvenir de una nación vigorosa y saludable. Yo deseo para nuestra España una solución inversa, más completa y de más larga perspectiva.

En definitiva, quien vive es la nación. El Estado mismo, que tan fecundamente puede actuar sobre ella, se nutre, a la larga, de sus jugos. La gran política se reduce a situar el cuerpo nacional en forma que pueda *fare da se*. Ya veremos, cuando pase algún tiempo, el resultado de esas soluciones que se proponen lo contrario: suspender toda espontaneidad nacional e intentar *fare dallo Stato*, vivir desde el Estado.

---

1. Las innovaciones son tanto más profundas, serias y sutiles cuanto menos espectaculares sean. En política, lo espectacular es romanticismo, retorno al pasado o retención dentro de él.

Cabría decir que un Estado es perfecto cuando, concediéndose a sí mismo el mínimum de ventajas imprescindible, contribuye a aumentar la vitalidad de los ciudadanos. Si nos abstraemos de esto último, si nos ponemos a dibujar un Estado perfecto en sí mismo, como puro y abstracto sistema de instituciones, llegaremos, inevitablemente, a construir una máquina que detendrá toda la vida nacional. Como suele acontecer, esta *reductio ad absurdum* nos sirve para descubrir el error que hay en esa dirección del pensamiento político.

En la historia triunfa la vitalidad de las naciones, no la perfección formal de los Estados. Y lo que debe ambicionarse para España en una hora como ésta es el hallazgo de instituciones que consigan forzar al máximum de rendimiento vital (vital, no sólo civil) a cada ciudadano español.

Pero se comprende la dificultad enorme que la política, en este excelente sentido, encierra. Supone ideas claras y precisas sobre la situación histórica de los españoles, sobre las virtudes que tienen, sobre las que les faltan, sobre las que les sobran, sobre la estructura social efectiva de nuestro país. Temas tan delicados encuentran ante sí la avalancha de los tópicos de café, y angustia advertir el número escasísimo de personas que han pensado en serio y directamente sobre ellos.

VIII

No se imputará al autor de este ensayo tendencia a intelectualizar la figura del político. Más bien he procurado exagerar lo que hace de éste una especie de hombre opuesta a la del intelectual. Pero ya se ve: si en sus cimientos orgánicos y en su mecanismo psicológico es el político la fórmula inversa del hombre destinado a la intelección, no será gran político si no posee una política de alta mar, de poderosa envergadura y larga travesía, si no ha tenido la revelación de lo que con el Estado hay que hacer en una nación. Ahora bien; esta clarividencia es obra de intelecto, y parece, por tanto, ilusorio creer que el político puede serlo sin ser, a la vez, en no escasa medida, intelectual.

Esta nota de intelectualidad que, como un fuego de San Telmo, corona la enérgica figura del hombre de acción, es, a mi juicio, el síntoma que distingue al político egregio del vulgar (animalote) gobernante. Porque esos otros ingredientes, sin duda brutales, que constituyen su soporte vital, su peana psicofisiológica, aparecen en no pocos individuos. Casi todos los hombres de acción los poseen. Pero éste es, a mi juicio, el error: creer que un político es, sin más ni más, un hombre de acción, y no advertir que es el tipo de hombre menos frecuente, más difícil de lograr, precisamente por tener que unir en sí los caracteres más antagónicos, fuerza vital e intelección, impetuosidad y agudeza. De la mente clarísima se derrama entonces sobre las potencias inferiores que sirven a la acción un extraño flúido que las unge y fertiliza, prestándoles una gracia elevada, una elasticidad y un ritmo tan certero, que alejan de ellas la tosquedad, la barbarie en que consisten.

En esto, como en todo lo que al político se refiere, es el mayor ejemplo César. Su perfil prodigioso puede valer como paradigma del género y dosis de intelectualidad que aquí se exige al gran político. Compáresele con Mario, con Pompeyo, con Marco Antonio, fila espléndida de fogosos animales humanos. A todos les falta la llamita de San Telmo que produce en las cimas la combustión del espíritu. Ninguna visión y previsión les visita. Son enormes autómatas bajo el Destino. En César, el Destino no cae desde fuera, sino que va en él, que él lo lleva y lo es. Porque en ello radica el señorío supremo que ha sido otorgado al espíritu. Como todo en el universo, avanza él también sometido al Destino. (Lo que no es Destino es sólo frivolidad). Pero el espíritu ve ese Destino, lo hiere y traspasa con su dardo de comprensión. Comprender es captar. Destino comprendido. Destino capturado, domesticado. César lo lleva junto al flanco como un can dócil.

Es César un caso ejemplar de agudeza intelectual. En su tiempo nadie veía en torno más que problemas de cariz insoluble. César vio la solución, clara, radiante, fecunda. Y esta solución brotaba sencillamente de una rigorosa comprensión analítica de lo que era la sociedad romana en aquel instante, de lo que podía ser, de lo que no podía ya ser[1]. Como casi todas las grandes soluciones, tuvo ésta un aspecto paradójico. Los males de Roma —todo el mundo, y principalmente los conservadores insistían en ello— eran oriundos de la fabulosa expansión a que el poderío romano había llegado. Por eso los conservadores demandaban la cesación de todo nuevo crecimiento. La solución de César —que los siglos han comprobado en una experiencia milenaria— fue estrictamente contraria: la ilimitada ampliación, el imperio universal, la inclusión en el orbe romano del intacto Occidente —que era entonces, frente a las vie-

---

1. Sobre el asunto véase la nota titulada «Sobre la muerte de Roma», en *El Espectador*, tomo VI [publicado en esta colección].

jas naciones orientales, la tierra nueva, la América de los antiguos.

Pero esta solución, que se deja comprimir como un medicamento en fórmula tan simple, supone un vasto análisis de la situación histórica a que Roma había llegado, un exquisito sopesamiento de las fuerzas que integraban la sociedad, una audaz resolución visual que le permitió ver la forma del Estado romano, aún vigente, instalada, consagrada como un mísero pasado que se sobrevivía. Para mí es este poder de reconocer lo muerto en lo que parece vivir el rasgo sobresaliente de una genialidad política.

En el caso de César, repito, se encuentra, a la intemperie y paradigmáticamente, esa intuición de lo que con el Estado hay que hacer en una nación.

En Mirabeau, que tan al aire ostenta las fuerzas titánicas del político, aparece menos evidente ese elemento de inspiración. No porque le faltase. Ya hemos notado la certidumbre y seguridad con que, desde luego, penetra el Destino de Francia. Pero en 1780, lo que había que hacer con el Estado en la nación era relativamente poco. La nación había llegado a un momento de salud plenaria, de riqueza moral y material. Cinco, seis siglos de labranza habían puesto en actividad histórica la casi totalidad del pueblo francés. La civilización, rezumando de estrato en estrato, había fecundado casi hasta las últimas capas sociales. Lo que había que hacer con el Estado era muy sencillo: quitarlo, reducirlo a su mínima expresión, interponerlo lo menos posible entre los individuos, hacer que fuese como la imagen virtual de la sociedad misma al mirarse en el gran espejo de la autoridad. Esto fue la Democracia –gobierno de la sociedad por la sociedad.

César tenía que hacer más. Era preciso reorganizar, con el Estado, la misma sociedad. Su muerte prematura dejó la trayectoria de su pronóstico tan sólo iniciada, pero con unas u otras infidelidades, eso vino a ser la política del Imperio, que poco a poco plasmó una nueva sociedad[1].

Para mí, el caso de la España actual plantea un problema de pareja índole. Lo que hay que hacer no es tanto ni por sí un Estado *ad hoc* —como en tiempos de Mirabeau— cuanto una sociedad nueva. Para ello es, claro está, preciso un nuevo Estado; pero la misión que ha de servir y que ha de orientar la mente cuando aspira a inventarlo, no se halla en él mismo, sino en sus efectos para transformar la sociedad actual española, prácticamente paralítica, en una nueva sociedad dinámica.

Esta situación no es peculiar de España. Con factores adyacentes muy distintos, que obligarían a reconocer grandes diferencias, la situación es la misma en las demás naciones europeas. En ninguna de ellas —y al revés que en Francia hacia 1780— la sociedad se encuentra sobrada de potencias para afrontar la existencia actual. Son pueblos muy viejos, y la vejez se caracteriza por la acumulación de órganos muertos, de materias córneas; crecen uñas, cabellos, callosidades en detrimento del nervio y del músculo. Porciones enteras del organismo han caído en anquilosis. Así va Europa, nave cargada de obra muerta que un largo pretérito ha depositado en sus flancos y quilla. ¡Difícil navegación! Es preciso aligerar la nave; volver a lo claro y esencial —ser puro músculo y nervio y tendón. La reforma tiene que ser primariamente de la sociedad, a fin

---

1. Los sucesores de César fueron, sin embargo, incapaces de innovar hasta el fondo, y por eso el Imperio nació ya herido de muerte. El problema de Europa hoy, si quiere sobrevivir, está en evitar una solución como la del Imperio romano.

de obtener un cuerpo público sobremanera elástico, capaz de brincar sobre continentes —América, Asia, África.

¿Será posible empresa tal? Por lo menos es evidente que en el visible horizonte de Europa falta el tipo de hombre político capaz de inspiraciones suficientemente agudas que pongan en la pista de lo que hay que hacer. Conforme adelanta la historia de un pueblo o grupo de pueblos, va siendo más insólita la figura del verdadero político. La razón no es arcana. En las edades primeras las sociedades, sin pasado tras sí, son de estructura más sencilla y su análisis más fácil. El hombre de acción no ha menester de gran vigor intelectual para descubrir lo que hay que descubrir. Pero en el progreso de los tiempos la sociedad se complica y los políticos necesitan ser cada vez más intelectuales, quiérase o no. Ahora bien; la dificultad de unir lo uno con lo otro, la inverosimilitud de que en un hombre coincidan ambas dotes opuestas va creciendo progresivamente. Tanto, que en cierta hora, la última, la más grave, cuando más falta hacían, no se encuentran. El que haya perseguido con alguna curiosidad los últimos siglos de Roma, habrá notado este trágico hecho: el gran político no parece. En vez de reconocer la forzosidad de unir la fuerza con la inteligencia, se hacen ensayos de exclusivismo, acentuando al extremo la dote de fuerza y se buscan puros hombres de acción. Así se explica que en aquella sazón de Roma moribunda, cuando más oportuno hubiera sido un César, sólo encontramos a Estilicón, soldado.

Vanos son todos los intentos que ahora en Europa, como entonces en Roma, se hacen para sacar avante naciones atascadas, eliminando de su dirección la inteligencia. En una tribu primigenia, aun en un pueblo saludable y simplemente bárbaro, fuera acaso eficaz el propósito, pero en sociedades muy viejas no es la pretendida simplificación de las cuestiones y los métodos la receta mejor.

Conviene dar nombre a esa forma de intelectualidad que es ingrediente esencial del político. Llamémosla intuición histórica. En rigor, con que poseyese ésta le bastaría. Pero es muy poco verosímil que pueda darse en una mente sin haber sido previamente aguzada por otras formas de inteligencia ajenas por completo a la política. César, mientras pasa en su litera los Alpes, compone un tratado de Analogía, como Mirabeau escribe en la prisión una Gramática, y Napoleón, en su tienda de campaña, sobre la nieve rusa, el minucioso Reglamento de la Comedia Francesa. Yo siento mucho que la veracidad me obligue a decir que no creeré jamás en las dotes de un político de quien no haya oído cosa parecida. ¿Por qué? Muy sencillo. Esas creaciones suplementarias y superfluas son síntoma inequívoco de que esos hombres sentían *fruición intelectual*. Cuando una mente se goza en su propio ejercicio y al audaz obligado añade el lujoso brinco —como el músculo del adolescente que complica la marcha con el salto por pura delicia de gozar su propia elasticidad—, es que posee su pleno desarrollo, que es capaz de todas las penetraciones contemplativas.

No se pretenda excluir del político la teoría; la visión puramente intelectual. A la acción, tiene en él que preceder una prodigiosa contemplación: sólo así será una fuerza dirigida y no un estúpido torrente que bate dañino los fondos del valle. Lindamente lo dijo, hace cinco siglos, el maestro Leonardo: *La teoria è il capitano e la pratica sono i soldati.*

Escritos políticos (1920-1930)

El momento español

POLÍTICOS Y TÉCNICOS

Desde hace algún tiempo, pero con mayor intensidad estos días, se habla de que la única salvación del atolladero histórico en que España se encuentra sería entregar los ministerios a unos cuantos técnicos. De esta manera, se dice, las cosas vendrían a buen concierto, los órganos de la vitalidad nacional funcionarían rectamente, la Hacienda pública estaría bien ordenada, la Instrucción popular mejoraría, las carreteras serían sobre los paisajes lindas cintas de plata, como suelen serlo en muchas páginas literarias. ¿No es ésta una idea feliz?

Aprovechemos para examinarla brevemente el solaz que nos ofrece la brillante votación obtenida por el Gobierno el martes último. Esa votación pone alguna calma en nuestros nervios tan maltraídos por los sustos cuotidianos que vienen sufriendo. Esa votación nos revela que, por unos días, bien que fugaces, vivimos en el mejor de los mundos posibles, bajo el mejor de los Gobiernos. La ocasión es, pues, propicia para ocuparnos en combatir esa idea de la sustitución del político por el técnico que vemos defendida por muy respetables núcleos sociales.

Porque, a nuestro juicio, se trata de una idea funesta, cuyas consecuencias pueden ser más graves de las que al pronto parecen. Basta que sea una ruta equivocada la que esa idea marca, para que constituya un peligro considerable en esta hora de España, que es hora de urgentes aciertos y no de vagas experiencias. El tiempo que acaso vaya a emplearse en ensayar una gobernación de técnicos, será doblemente perdido, porque no se conseguirá durante él nada provechoso, y en cambio, no se le habrá empleado en aprestar mejores soluciones.

Un técnico es un hombre que conoce científicamente o por otros métodos análogos a la ciencia, cómo se hacen las cosas. Técnico en Instrucción pública, es un conocedor de la ciencia pedagógica o de la administración y organización escolar. Técnico en Hacienda es un economista científico, un hombre que sabe cómo debían disponerse las leyes y organizarse los servicios fiscales para que la riqueza nacional fuera la mayor y más justamente repartida posible. Técnico en transportes, es el que, habiendo practicado largamente la regencia de empresas ferroviarias, sabe con todo detalle cuáles son los procedimientos más eficaces para obtener con una red de locomoción el mayor tráfico. ¿Cómo dudar de que nadie mejor que los técnicos pueden regir certeramente los departamentos ministeriales?

Sin embargo, se olvida un factor de importancia decisiva. La ciencia supone siempre que en los procesos naturales no va a intervenir ninguna voluntad particular: sólo con esta condición valen sus leyes. Del mismo modo, todo tecnicismo, que no es sino aplicación de la ciencia, sólo sirve cuando se supone que el técnico va a luchar con las cosas; pero no, además, con la voluntad hostil de las personas, por ejemplo, con grupos de la opinión pública enemigos de una determinada práctica. Colóquese, por ejemplo, en Hacienda, al mejor economista español: él decidirá, acaso con plena razón científica, que deben establecerse tales y cuales imposiciones; las clases sociales sobre que éstas recaigan opondrán la resistencia de su voluntad, y he aquí el problema técnico o de dominio sobre las cosas convertido en una lucha de voluntades, que es precisamente la política. A esas voluntades hostiles ¿con qué puede hacer frente un técnico? ¿Con sus libros, con sus razones científicas? Todo será vano. A una voluntad sólo cabe oponer otra voluntad, y a una masa de voluntades otra masa de voluntades. Para ello tendrá el técnico que buscar el apoyo de la opinión pública, tendrá que recurrir a los hombres cuya ocupación consiste precisamente en organizar y representar las voluntades colectivas, es decir, a los políticos. De esta manera se verá obligado a hacerse él político si quiere hacer algo. Y venimos inexorablemente a caer en aquello de que queríamos huir. Para evitar al político, recurrimos al técnico, quien, a su vez, tendrá que recurrir al político. Estamos, pues, bajo el imperio de un círculo vicioso, de la serpiente que se muerde la cola.

En las alturas de la historia por que a la fecha bogamos, resulta demasiado pueril creer que la vida pública puede, en última instancia, regularse científicamente. Tan pueril como creer que la política ha sido inventada por los políticos, y que suprimiendo a éstos, se suprime a aquélla. La verdad es, por el contrario, que la vida pública consiste a la postre en una mecánica de voluntades, en la presión de unas masas de opinión sobre otras masas de opinión. Esto ha sido siempre, y esto seguirá siendo cada vez más.

No creemos que ningún técnico, si además de técnico es persona seria, aceptase el encargo de organizar un servicio público, si no se le garantizaba la continuidad de su ejercicio. Ésta es la primera condición de toda labor técnica. ¿Y quién puede garantizar eso? Si un Gobierno de políticos dura dos meses, un Gobierno de técnicos, falto de apoyo organizado en fuerzas públicas, duraría dos semanas.

Con todo ello sólo se conseguiría una cosa: el desprestigio del técnico. En España, donde tantas cosas andan descaecidas y con el honor maltrecho, sería tristísimo preparar a conciencia un nuevo desprestigio. Precisamente porque creemos que sin técnicos no puede organizarse en grande la nueva existencia española, precisamente porque hallamos en la escasez de buenos técnicos una de las causas de la decadencia nacional, nos importa mucho que no sea desvirtuada livianamente la idea del tecnicismo, llevando a sus hombres allí donde indefectiblemente habrán de fracasar.

Los jefes últimos de los ministerios tendrán, pues, que seguir siendo políticos, es decir, hombres que representan una determinada voluntad colectiva. La ejecución de esa voluntad es lo que debe entregarse a los técnicos. Concédase a éstos las subsecretarías y las direcciones generales, libertando tales cargos de las vicisitudes y transitoriedades de la política; pero dejando tras ellos como último responsable al representante de la voluntad pública: al político.

Por otra parte, comprendemos que en nuestro país haya venido a darse en este escollo de querer poner todo en manos del técnico. Porque el político al uso es de tal modo ignorante, inculto y cerril, que en parangón con él, a cualquier cosa llamamos técnico. ¿Por qué se ha llegado a tal mengua? ¿Por qué la casi totalidad del mundo parlamentario está habitada por temperamentos silvestres? ¿No son culpables de ello las clases directoras de España, incluso la Corona, por haberse despreocupado lustro tras lustro de mejorar paulatinamente la fauna política con una selección de los mejores españoles? ¿Cuándo —en los últimos veinte años— se ha dado el caso de que un hombre inteligente, no más que por serlo, se haya visto sorprendido con el apoyo de esas clases y poderes directores? Lejos de esto, si alguna vez se han acordado de él los gobernantes, ha sido cuando, desmoralizado, claudicaba y con su honestidad perdía el impulso creador de su mente.

No deben, pues, esas potencias directoras de España ni extrañarse ni quejarse de que hoy el cuerpo político sea inservible. Hartas veces le fue anunciado lo que hoy es ya un hecho.

Y el peor arreglo nos parece éste de sustituir a los políticos por los técnicos. No: lo que hace falta en la gobernación no son técnicos, sino políticos competentes.

Publicado sin firma, *El Sol*, 26 de febrero de 1920

La «crisis histórica»

De la actual situación política de España, sólo sabemos una cosa: que está regida por el embrollo, y que cada nuevo día trae sobre ella confusión y sombras. Los profesionales de la vieja farsa andan de la Ceca a la Meca entre cuentos e intrigas de la más cómica comadrería. Ellos, que tienen una sólida reputación de hombres sagaces, no entienden absolutamente nada de lo que ocurre. De lo que mañana pueda ocurrir no tienen ni siquiera ideas vagas y remotas. Todos hacen esfuerzos por evitar que pueda ocurrir algo interesante; temen que un día amanezca nuestra vida pública alterada y removida por mudanzas profundas; ante estas posibilidades, su ímpetu en la defensa de las viejas maneras y de los sistemas caducos, adquiere una elasticidad insospechada. Pero todas sus maniobras van perdiendo eficacia. Ahora advierten que han abusado de todos los trucos y que de pronto comienzan a fallar en sus manos los resortes clásicos de la mecánica política. Y he aquí la confusión, y el espanto, y el no saber a dónde va esta destartalada nave de nuestra política ni cómo logrará capear los furiosos temporales que han traído los días modernos.

La tramitación de la crisis que se ha dado en llamar «histórica» es una continuación característica de las más antiguas vergüenzas. El cauce de la vida política de España está rebosante de simplezas. La estulticia es tan grande que lo llena todo.

Hay interés, positivo interés en adormecer la conciencia liberal de España. Que no suenen voces audaces ni se piense en transformaciones interesantes. Quede todavía cerrado con triple valla el camino de la nueva política. Nadie siente curiosidad por ensayar otros sistemas, otras ideas, otros hombres. Que continúe imponiéndose «lo malo conocido». ¿Quién piensa en «lo bueno por conocer»? «¡Literatura, fantasía!» —se oye clamar. Para gobernar a España en estos días de tremenda inquietud universal, basta el buen guerniqués que preside el actual Gobierno. Y si hubiera de intentarse algún cambio, ahí están para salvación segura de nuestros destinos todos los jefes de partido, de grupo o de mesnada que vienen gobernando a España con tan exacto tino que no han provocado más que desdichas. El país parece de momento adormecido. Sólo entre las muchedumbres obreras, donde ha ido a refugiarse la pasión, la santa pasión de la lucha pública, surge alguna vez, como una llamarada, la inquietud en que vivimos.

Pero, a pesar de la calma aparente, la situación de nuestros problemas sociales es la misma de antes. No se ha resuelto nada, absolutamente nada. Pueden creer las gentes frívolas que la inquietud obrera ha cesado, que pasó la época del combate violento. Nosotros podemos asegurar que todo sigue igual. Barcelona ofrece a la vida española los mismos problemas, las mismas angustias. El arco continúa tenso. No se da un solo paso hacia adelante en la reforma de la organización social de España, ningún hombre de Gobierno inclina su oído hacia los grandes latidos europeos; no existe la preocupación de un mañana mejor, ni el deseo de una alborada más feliz.

En la confusión de este momento abierto a la «crisis histórica» pasan haciendo gestos de una graciosa bufonería unos hombres turbios, cuyo oficio consiste en llenar de turbiedad toda la vida española.

Publicado sin firma, *El Sol*, 21 de abril de 1920

Imperativo de intelectualidad

Al hacer balance en este friso del año nuevo nos encontramos con que el haber de valores nacionales españoles padece un *déficit* superlativo. Industria, política, organización..., todo va en grave derrota. Pero no es mi propósito insistir sobre el tenebroso panorama que ofrece nuestra vida colectiva. Quisiera, por el contrario, hacer notar que hay una cosa, una sola cosa donde podemos prender la esperanza. Me refiero al progresivo interés y al creciente respeto que van mostrando las gentes extrañas —Alemania, Inglaterra, Francia, América del Sur— por la producción intelectual española. El hecho irritará, sin duda, a los que creen justificar su inepcia y su inmoralidad maldiciendo de los «intelectuales», pero el hecho es evidente. Puede reducirse a claras e inequívocas cifras. Una estadística de las demandas de derechos de traducción o publicación dirigidas a los escritores españoles en los últimos dos años aleccionaría suficientemente a los que no quieren de otro modo reconocer que mientras el resto de las clases españolas no ha podido obtener victoria alguna, los «intelectuales» han conquistado en la estimación de los demás pueblos un puesto para España que desde hace siglos no ocupaba. Con esto no quiero decir que la labor de los que hoy producen obra científica y literaria sea de calidades sublimes y de genial naturaleza. Valga más o menos, es lo único que tiene hoy en España un valor positivo y lo único —si se exceptúa la obra de algún músico y de algún pintor— que suscita fuera de nuestro país curiosidad, atención y respeto.

Esta situación favorable no debe, en modo alguno, envanecernos, sino, por el contrario, obligarnos. Ella indica que en la clase intelectual reside vagamente —¡muy vagamente, es cierto!— la única posibilidad de constituir una minoría selecta capaz de influir hondamente en los destinos étnicos y dar un comienzo de nueva organización a este pueblo nuestro que se deshace y atomiza día por día. Creo, pues, que ha llegado para el intelectual español, no la hora del triunfo, sino la hora de la gran tarea. ¿Y no es ésta la previsión más optimista que cabe presentar a espíritus activos? La escena triunfal hace bostezar al verdadero triunfador. Lo importante en la vida es tener quehacer, una misión, una empresa, una tarea. Como Cervantes sugiere, es más sabroso el camino que la posada.

Mas para que el intelectual llegue a ejercer ese influjo sobre los destinos de España es la primera condición que no se lo proponga. Habríase logrado a estas fechas mucho más si en los últimos años, sobre todo durante la sazón guerrera, no hubieran deformado muchos intelectuales su intelectualidad poniendo ésta al servicio de propósitos políticos. Aludo ahora exclusivamente a aquellos casos en que estos propósitos fueron nobles y hasta heroicos. La intelectualidad, por su propia esencia, no tolera ser puesta al servicio de nada, así sea la más alta cosa del mundo. Por esta razón ha sido fatal en los pueblos beligerantes la movilización de la inteligencia. La depresión científica y literaria que hoy padecen esas naciones próceres se debe, más que a pretextos económicos, a haber sido cegadas las fuentes de creación espiritual por haber querido mover con ellas las muelas de los molinos políticos. Es curioso advertir cómo los intelectuales europeos han quedado aniquilados exactamente en la medida en que se dejaron movilizar.

La inteligencia no es una cosa que se tiene, sino una cosa que se es. No consiste en un instrumento externo que se maneja a voluntad, sino en una delicadísima actividad localizada en el más radical centro de la persona. Cuando el hombre clásico habla de la Musa y el romántico de la inspiración, expresa bellamente esta misteriosa realidad de la creación ideológica y poética que emana de la persona, no se sabe cómo, insumisa al albedrío y ante la cual sólo cabe por parte del mismo creador una humilde actitud pasiva. No es el poeta quien hace el verso sino el verso quien se hace en el poeta, como la espiga de oro en la gleba estriada. Goethe decía que

En lo cierto está el que piensa
no saber cómo se piensa.
Cuando se piensa
todo es como regalado.

La inteligencia creadora es estimada porque descubre verdades o inventa bellas imágenes. Cuando se pretende utilizar su autoridad para otras cosas, así sean las más santas, se anula su propia eficacia y cae inevitablemente en desprestigio. El intelectual sólo puede ser útil como intelectual, esto es, buscando sin premeditación la verdad o dando cara a la arisca belleza.

Esperaría lo más alto de la clase intelectual española si viera en ella la resolución de aceptar enérgicamente el rigoroso imperativo de intelectualidad. El intelectual no puede ser en ninguna acepción hombre de partido y, a la larga, el público sólo respeta y cultiva al escritor de quien no sabe *a priori* cómo va a pensar o sentir de una cosa.

Pero no basta con que el intelectual se resuelva a ser intelectual y sólo intelectual en su labor literaria o ideológica. Es preciso que se someta a una esforzada disciplina interior, que se exija creciente perfección, amplitud, precisión. Si los intelectuales españoles se impusiesen esta fuerte disciplina pronto contaría nuestro pueblo con una minoría apta para dirigirle. La disciplina es la fuerza y el síntoma de las aristocracias. Porque disciplina es norma y meta de la aspiración; por tanto lleva al entrenamiento, a la emulación, a la selección, al más y menos de proximidad con el modelo. Si «pueblo» es espontaneidad y abandono, aristocracia es disciplina y régimen.

Ahora bien, una nación es un pueblo organizado por una aristocracia.

España, 14 de enero de 1922

Ideas políticas: ejercicio normal del Parlamento

I

Durante los últimos diez o doce años se ha extendido por todas las masas nacionales una opinión despectiva sobre el Parlamento, que no por ser casi unánime es acertada y salutífera. Claro es que del Parlamento en general, y del español en particular, pueden decirse muchas cosas desfavorables. En tiempos más a propósito para ello que los actuales, hemos hecho muchos, en España y fuera de España, la crítica de los Parlamentos al uso, y con la mejor intención anunciábamos a liberales y demócratas que si no perfeccionaban el aparato de la representación nacional, sus principios políticos perderían toda eficacia sobre la conciencia pública. Liberales y demócratas no han hecho caso porque el liberalismo y la democracia habían empezado a morirse por dentro, y, como todo organismo decrépito, carecían ya de fina sensibilidad para los cambios del ambiente, y eran incapaces de corregirse a sí mismos, o como suelen decir los biólogos, de regularse.

Las potencias reaccionarias, por su parte, con menos reflexión de lo que fuera deseable, han aprovechado las críticas desinteresadas que del Parlamento se hacían para propagar su descrédito. Y, en efecto, han conseguido que las Cortes pierdan todos sus prestigios y, con ellos, toda su autoridad. Una vez más han hecho obra anárquica (desde 1789, los reaccionarios no hacen en toda Europa —salvo en Inglaterra— más que labor anárquica. Haber dado lugar a este anarquismo de las derechas es, si se medita bien, una de las grandes objeciones contra la Revolución francesa). Porque nada es mayor anarquismo que dislocar una institución o *arkhé*, sin sustituirla por otra. El modesto anarquista de bomba y pistola se contenta con destruir al representante de tal o cual institución; el reaccionario dispara contra la institución misma. Si el aire social estuviese un poco más cargado de moralidad parecería intolerable que alguien combatiese el Parlamento sin mostrar a la vez, de un modo claro, la posibilidad de otra institución mejor, sustitutiva de aquél. Ningún reaccionario que no sea, además de ello, demente, espera en serio que podamos volver a una Constitución de forma absolutista. ¿Qué sentido aceptable tiene, pues, su hostilidad al Parlamento? Suelen ellos denostar a los hombres de extrema izquierda, calificándolos de «espíritus negativos»; pero, ¿cabe mayor negativismo que negar una institución a sabiendas de que es la única posible? Sería bueno que un día comenzasen los reaccionarios a avergonzarse del sentimiento rencoroso con que asisten a todo lo presente. Acaso la gran faena histórica que hoy tienen ante sí los pueblos de Occidente es purgar sus cuerpos nacionales del rencor crónico con que los dejó infeccionados la Revolución francesa, hecho acaso el más funesto e inútil de la época moderna. (Es probable que la Revolución rusa, de tipo completamente opuesto a la francesa, produzca también efectos inversos: la vida rusa se hallaba atestada de resentimiento, como hace cuarenta años notaba ya el genio clarividente de Nietzsche, con motivo de la novela rusa. No es inverosímil que las angustias y sufrimientos revolucionarios sirvan de derivativo al torrente de hiel acumulada).

En vez de maldecir del Parlamento, sin sustituirlo, convendría que nos preocupásemos todos un poco de mejorarlo. Porque ha llegado España al punto de no funcionar como Estado. No es que funcione mal, es que, en absoluto, no funciona. Y resulta verdaderamente peregrino que se haga responsable de ello al Parlamento.

Se ha prescindido de éste, dejándole sólo una apariencia de realidad. Como la Sociedad de Amigos del Arte reúne alguna vez retratos de otro tiempo en una exposición retrospectiva, la Corona congrega, de cuando en cuando, las fisonomías de los representantes y los invita a que hagan unos cuantos gestos en el hemiciclo. Pero no se les deja discutir sobre nada esencial, y si, por caso, arrebatados por la vaga ilusión de que existen, entran de lleno en alguna cuestión, las gentes protestan inmediatamente contra la verbosidad parlamentaria, obstáculo a todo mejoramiento nacional. Porque estaba reservado a la perspicacia española descubrir que es intolerable que el Parlamento parle. Por lo visto, la misión de los parlamentarios es más bien hacer gimnasia sueca o cualquier otro mudo menester.

Ni siquiera se ha respetado a las Cortes el derecho de legalizar el Presupuesto. Cuando ha parecido oportuno fue prorrogado por simple decreto. Y esto que se hizo una vez, ha podido hacerse más. Bastaría para ello con echar nuevamente mano del señor La Cierva, que con su política de búfalo, está siempre dispuesto a cerrar los ojos y dar de testuz la embestida.

Mas ni esto hizo falta. El Parlamento mismo se prestó –conviene hacerlo constar de nuevo– a anular su propia condición sometiéndose a una serie de Gobiernos *ómnibus* que impedían toda oposición. Sería oportuno preguntar qué otra clase o grupo nacionales ha mostrado pareja docilidad, facilitando, con la renuncia de sí mismo, un ensayo que otras clases y grupos pedían. Para otorgarnos el honor de gobernarnos, exigía el señor Maura previamente que se suprimiese toda oposición, lo cual viene a ser como si un Hércules de feria, antes de levantar la pesa grande, pidiese la supresión de la ley de gravedad. Más afortunado que este personaje, el señor Maura ha podido gobernar dos veces sin oposición, y, no obstante, con poquísima fortuna. Ha habido gran ostentación de músculos retóricos, pero la pesa grande ha quedado en el suelo.

No se diga, pues, que el estorbo mayor para que la vida pública española, el Estado español, entre en normalidad, es el Parlamento. Tan evidente resulta lo contrario, que no puede uno menos de sospechar alguna insinceridad en los que tal piensan. Ignoro cuál será la experiencia de los demás; pero la mía es, en este punto, uniforme: siempre que he oído vocalizar los tópicos habituales contra nuestro Parlamento, ocultaban en el que hablaba una irritación particularista. Lo que, en contraposición con sus palabras, le irritaba del Parlamento era precisamente lo que tiene de bueno, a saber: que es la única institución donde no tenemos más remedio que contar los unos con los otros. Esto es lo que pone hoy fuera de sí a casi todo español: que el prójimo exista y haya que contar con él. El militar se exaspera ante la sola idea de que el resto de la sociedad, que paga los gastos del Ejército, se permita la menor intervención en su vida gremial. El palatino siente como un insulto personal que los periódicos y las Cortes aspiren a colaborar en la dirección política de la nación. Al obrero le parece la más inaceptable vejación que los guardias de Orden público intervengan cuando apalea a un amarillo, y, en tanto, el gobernador de la provincia considera que no debía haber obreros en el mundo, puesto que no sirven más que para plantear conflictos a los gobernadores civiles. Más o menos reprimida, esta repugnancia a contar con los demás es la reacción espontánea y primera que encuentra hoy dentro de sí todo español. Le enfurece sentirse parte de un todo que es la nación. A esta enfermedad social que hoy padece España en forma aguda he llamado particularismo en un libro reciente, donde intento su análisis; y, en definitiva, a ella debe atribuirse la *fobia* contra el Parlamento y los políticos.

Las Cortes son la institución nacional por excelencia, ya que en ellas se ven obligados los innumerables particularismos a enfrontarse unos con otros, a limitarse, domesticarse y nacionalizarse. Tan lejos está de la verdad atribuir al Parlamento el estado de disolución política a que ha venido España, que la verdad es estrictamente lo contrario. El Estado se ha deshecho porque se ha prescindido del Parlamento y se le ha desautorizado sin tener a mano otra institución capaz de condensar en sí la autoridad que de aquél se desalojaba.

Porque, al cabo, la causa de la parálisis política, de la desorganización del Estado, que hoy padece España, no es otra que la inexistencia del Poder público. El Poder público es una función orgánica sin la cual no puede vivir una sociedad nacional. No consiste en una concentración de fuerza, sino en una concentración de autoridad. La prueba de que el Poder no es Fuerza se ofrece hoy bien clara a la mente de los españoles. Por faltar autoridad al Poder público resulta que no *puede* éste mandar ni siquiera a la Fuerza pública.

Es vano querer eludir la cuestión. El problema más inmediatamente urgente en nuestra existencia colectiva consiste en dotar de autoridad bastante a alguna institución. Mientras no tengamos ese mínimum de Poder público, no podremos públicamente hacer nada de provecho.

Ahora bien, ¿qué institución es hoy la más apta o la menos inepta para cargarse de suficiente autoridad, como se carga de electricidad un acumulador? El símil no es ocioso porque nos recuerda que el Poder público sólo existe cuando es capaz de producir fulminaciones invencibles.

El Sol, 28 de junio de 1922

II

He empezado por decir que la opinión despectiva sobre nuestro Parlamento es casi unánime. No me extrañaría, pues, que esta defensa de él se juzgue, al primer pronto, extravagante. Pero es el caso que aquella opinión me parece errónea. Las razones en que se funda son, a mi juicio, falsas, o, cuando menos, inexactas. El hecho de que casi todo el mundo las acepte como buenas no es sino un motivo más para que me sienta obligado a pedir la revisión.

Así, considero que es un deber oponerse a la idea, avecindada en casi todas las cabezas españolas, de que los gobernados somos mejores que los gobernantes; los electores, que los elegidos; la nación, que el Parlamento. No se trata, claro está, de esta o la otra individualidad señera, sino que más bien habría de compararse la clase en junto de los políticos con las demás clases o gremios nacionales. Dígase cuál de ellas es superior en dotes y virtudes a la de los políticos. Difícil será encontrarla. Y es natural. Si existiese, hace mucho tiempo que ella sería la directora de los destinos públicos. No nos hagamos ilusiones: ni el noble, ni el militar, ni el industrial, ni el propietario, ni el obrero tienen nada que echar en cara al político. Ni son más inteligentes ni más generosos que él.

Por este motivo, debiéramos acostumbrarnos, cuando se trata de la vida política española, esto es, de España como Estado, a restar cuanto se refiere a los defectos de España como sociedad, como pueblo, como raza. Aún en el caso mejor, la política tendrá que mantenerse dentro del límite marcado a las capacidades morales e intelectuales de nuestra sociedad. ¡Bueno fuera que siendo lo que somos los españoles, nuestros representantes fuesen genios y santos! Equivale, pues, a desviar perniciosamente la atención de las masas nacionales ponerse ante ellas a maldecir de los políticos, dando a entender que hay otra casta de hombres maravillosos a quienes la perversidad de los parlamentarios no deja conquistar el Poder.

Algunas veces ha acontecido, en efecto, que una nación dotada de una excelente minoría caía presa de unos forajidos. En tales casos la tarea fue muy sencilla: bastó con levantar al pueblo contra el grupo de malvados y necios e imponer el grupo de los honestos y perspicaces. Pero es preciso reiterar que el caso de España no es ése, sino precisamente el contrario. Aquí no es la cuestión imponer una minoría mejor, sino crearla, porque no existe. Y esa creación de hombres mejores no es principalmente faena política, sino social.

Cuando yo pido que la institución parlamentaria sea restaurada en la plenitud de su ejercicio, no se me ocurre pensar que con ello vamos a salvar a España. La enfermedad española es histórica, y, por tanto, no basta a curarla una medicina política. Pero ahora se trata exclusivamente de corregir la extrema anormalidad que padece nuestro organismo político, nuestro Estado, y que es debida al desprestigio del Poder público.

No es cierto que los parlamentarios sean, en ningún sentido, de peor condición que el resto de los ciudadanos. Habrá entre ellos un tanto por ciento de seres completamente ridículos, y, desde luego, no faltan algunos salteadores de caminos. Pero, no obstante, el ambiente de las Cortes es más bien un poco superior al del resto de la nación, si se exceptúan pequeños grupos selectos que llevan una existencia marginal, apenas tangente a las modalidades del país. El único lugar público de España donde una palabra o emoción discreta tiene alguna vaga probabilidad de ser percibida es el Parlamento.

Por lo tanto, es un perfecto error suponer que para mejorar el Parlamento sea preciso modificar ampliamente su personal. Poco más o menos, está en él la gente que debe estar. Si por arte mágico fuesen reunidos en unas Cortes los cien hombres verdaderamente superiores que pueda haber en España, las consecuencias serían fatales. Apenas comenzasen a actuar, la protesta de las masas castizas sería tal que no sé si se contentarían con la decapitación de esos cien hombres superiores.

Con mejor voluntad que perspicacia piensan algunos que el Parlamento mejoraría si tomasen parte en su vida interna algunos catedráticos y escritores de respetada fisonomía. Ciertamente que hoy, las únicas figuras ungidas con algunas milésimas de prestigio pertenecen al gremio científico, literario y artístico. Es justo que así sea, porque desde 1900 las únicas batallas, grandes o pequeñas, por España ganadas las han ganado los «intelectuales» o los «sentimentales», quiero decir, hombres de ciencias y letras o pintores y músicos. El hecho es difícil de negar aunque se ha trabajado lo imposible para ocultarlo. (Ahora empieza también a obtener victorias el deportismo español; la cosa tiene más importancia de la que se le ha dado; pero, de todas maneras, se trata sólo de un comienzo). Sin embargo, dudo mucho que la intervención directa del intelectual aprovechase a la política. La historia arroja más bien la enseñanza de que los intelectuales sólo una cosa han solido hacer en política: estorbar. Ciencia y gobierno son, acaso, las dos más opuestas actividades humanas. El intelectual un poco consciente de sus destinos, en lugar de pedir al político un acta, debe pedirle que le lea con mediana atención. Si logra esto habrá influido en la política cuanto debe influir.

Pero, sobre todo, la cuestión no tiene nada que ver con la calidad de las personas. Aquí está el nudo del error. La autoridad que el Parlamento ha perdido no la ha perdido, en definitiva, por la falta de talento, saber y moralidad de sus miembros, sino por otra causa aún más sencilla: porque no ha funcionado. Y no ha funcionado porque no se le ha dejado funcionar. Ni más ni menos. No se hable vagamente y sobre el vacío. Los hechos son claros y concretos. Repase quien quiera las crónicas y se verá que desde hace muchos años, sobre todo desde 1913 inclusive, no se ha dejado al Parlamento vivir su vida propia; se le ha interrumpido, perturbado, dislocado; se le ha impedido moverse, según su necesidad orgánica; apenas se iniciaba en él un higiénico e inevitable encrespamiento de olas, se acudía a derramar aceite, y si la tormenta persistía, se le evacuaba como se vacía una presa. Y cuando a manos de tal tratamiento sucumbe el artefacto parlamentario, oímos que se nos dice: «¿Lo ven ustedes? ¡El Parlamento no sirve! ¡Es incapaz de aprobar una sola ley!»

La política de la Corona no ha sido, en este punto, muy afortunada. Con la mejor voluntad ha ido descoyuntando el organismo parlamentario por medio de intervenciones, perfectamente constitucionales, pero algo desacertadas. Al Poder moderador se le ha ido un poco la mano en el menester de moderar, y, si no se quiere ver en ello una fácil impertinencia, yo diría que ha moderado inmoderadamente. El Parlamento es un cuerpo orgánico que necesita cierto margen de libertad para poder moverse e incubar sus saludables evoluciones. Intervenir demasiado es detener los íntimos procesos de transformación.

No creo que decir esto sea disparar ningún terrible dardo contra la Monarquía. Ajeno a la actuación política y hostil a toda demagogia, ni siquiera ideológicamente participo de la confesión antimonárquica. Además, no veo claro que, como suele oírse por ahí, Europa evolucione hacia la República; antes bien vislumbro que, bajo opuestas apariencias, se dirige hacia nuevas formas de Monarquía. Pero ésta es materia complicada, y ahora sólo me interesa subrayar la intención monárquica con que me atrevo a deslizar un reparo a la política de la Corona.

¿En qué ha consistido el error? Reduciendo la respuesta al menor número de palabras, yo partiría de la objeción más repetida, y que se juzga decisiva contra el Parlamento, a saber: que en las Cortes no se puede aprobar una simple ley. Está bien; pero, ¿por qué pasa esto? Porque el Parlamento se compone de grupos inorgánicamente hacinados. ¿Y esto por qué? En todas partes murieron hacia 1900 los grandes partidos. En su lugar se han formado en todas las naciones grandes articulaciones de grupos. En España, no. ¿Por qué? Porque esas articulaciones no se forman en la luna y mediante un ukase, sino en los Parlamentos y merced al ejercicio libre de la vida parlamentaria, pasando por épocas de grandes luchas, apasionamientos y conflictos. La vida es así, y sólo se pare con dolor y entre convulsiones. En España no ha habido nada de esto. ¿Por qué? Fuera del Parlamento, la opinión política es sumamente débil. Más que en parte alguna, el Poder necesita aquí nutrirse del escorzo de opinión pública que forma el Parlamento. La Corona, que cambió de sienes cuando morían en España los viejos partidos, ha creído ver en la crisis fisiológica que atravesaban las Cortes españolas para poder organizar las grandes articulaciones parlamentarias un síntoma patológico. Con excelente deseo e insuficiente paciencia ha querido evitar a la nación los efectos de esas crisis, y ha intervenido instigada por el noble afán de curar lo que juzgaba una enfermedad. Ha disuelto Cortes que no debieron ser disueltas; ha ensayado jefes de Gobierno sin dar tiempo a que madurasen sus poderes parlamentarios; con ello ha contribuido a atomizar las fuerzas políticas y las ha habituado a buscar el Poder exclusivamente en Palacio. Cuando se iniciaba algún debate enérgico, capaz de llegar a alguna conclusión clara, y, por tanto, a una estructuración orgánica de los grupos, ha llamado a sus ministros en uso constitucional y ha elegido otros para que apagasen el germen de incendio. De aquí que en el Parlamento no se haya podido llevar nada a sus naturales y fecundas consecuencias. ¿No es excesivo pedir que un instrumento sometido a tal régimen resulte hoy usadero? La máquina yace desvencijada por error de conducción. Déjesela funcionar dos años seguidos, sin intervenciones forasteras, y se verá cómo, automáticamente, el aparato, volviendo a sus goznes y engranajes, se pone en movimiento. No hará cosas excelsas, pero marchará regularmente. Con los mismos hombres, con los mismos vicios individuales, la institución representativa puede recobrar aquel mínimum de autoridad que el Poder público necesita. Entonces será ocasión para pensar en mayores finuras.

Es un error, una miopía, dar demasiada importancia a las intrigas de los políticos. Sus idas y venidas fraudulentas no trascienden de un primer plano, tras del cual corre imperturbado el verdadero proceso histórico. Los políticos, como gremio, han sido eternamente intrigantes, y, sin embargo, se han hecho sobre el planeta algunas grandes cosas. La intriga es tan natural al político como la coquetería a la mujer, y ambas son, a la postre, inoperantes, pura *mise en scène*.

Como el lugar donde los políticos intrigan más es en Palacio, suele engendrarse en las cámaras regias una generosa indignación contra ellos, y se llega a presumir que si el pueblo los tolera es porque vive engañado. No, no vive engañado; conoce perfectamente aquellas intrigas; lo que ocurre es que, allá en su viejo corazón anónimo, echa el pueblo sus sumas y sus restas, y acaba por convencerse de que, intrigantes y todo, son lo mejor que tiene a mano. La maldad del uno queda anulada por la del otro, y el viento que sobra empuja la nave hacia el bien público.

El Sol, 1 de julio de 1922

III

El razonamiento que en estos artículos va desarrollado es, tal vez erróneo, pero sumamente sencillo. En España se ha volatilizado el Poder público, función social sin la que no puede vivir una nación. La causa de esa invalidez del Poder público está en haber perdido su esencia, que es la autoridad, imponderable energía que reside en las instituciones o se ausenta de ellas, como la electricidad se condensa en un cuerpo o lo abandona. Nuestra Constitución reparte el ejercicio del Poder público entre el Parlamento y la Corona. Habiendo aquél perdido sus prestigios ha quedado el Poder público sin la mitad de su autoridad cuando menos. La terapéutica de la situación se presenta, pues, en un claro dilema: o la Corona duplica su autoridad o es preciso restituir la suya al Parlamento.

Ahora bien, la estructura actual de la vida colectiva impide que la Corona pueda duplicar su autoridad. Intentarlo sería cargar sobre ella todas las responsabilidades —me refiero a las históricas, no a las jurídicas—, sin que tenga los medios para afrontarlas. En última instancia, el principio monárquico nutrió sus prestigios merced a bélicas empresas, ampliando el territorio nacional (España, Francia, Inglaterra) o afirmándolo contra algún peligro constante (Imperio romano). Sin una política de guerras, que hoy fuera inconcebible, la Monarquía no puede pensar en acrecer considerablemente su autoridad: harto hace con mantenerla.

No hay, por tanto, otro remedio que restaurar la autoridad del Parlamento. Con unas u otras modificaciones, es él una institución inevitable y la más adecuada a nuestros tiempos. No sólo por razones de ética o derecho —que *deben* ser siempre secundarias—, sino por razones biológicas, de forzosidad natural. En otras edades tenía la vida social un carácter privado. La sociedad era predominantemente un tejido de individualidades, familias, gremios, municipios. Hoy es la vida social eminentemente pública. Como el moderno impresionismo pinta más que el contorno que cierra la figura el aire que la envuelve, así el carácter de las sociedades actuales se ha hecho atmosférico, difuso. Ni la persona, ni el gremio, ni el cuerpo colegial pueden representarla. Hace falta una institución menos rigorosa de líneas que las pretéritas, y, en cambio, más porosa. El Parlamento es la institución impresionista y atmosférica, gracias a ello, la institución contemporánea por excelencia. De ella tiene que partir y en ella tiene que apoyarse toda otra autoridad. Es muy posible —más de lo que suponen los abstraccionistas de la democracia— que se imponga en alguna hora la necesidad de una dictadura, no sólo en España, sino igualmente en Francia, Italia, Alemania. Que se entrevea esa posibilidad es acaso el rasgo más significativo de la época que ahora comienza en Europa. Pues bien, las dictaduras sólo han podido nacer en los Parlamentos. De ellos han recibido la carga eléctrica que requiere su autoridad transitoria y omnímoda.

El temple reaccionario, menos dado a meditar sobre la realidad positiva que a buscar objeciones, aunque sean sólo aparentes, opondrá a esta demanda de que se restaure la autoridad del Parlamento, y para ello se le deje libremente funcionar, observaciones como la siguiente: hablar en serio del Parlamento es una inocencia, porque el Parlamento es una ficción en España, donde el sufragio no se ejerce.

Con esto llegamos a otro de los tópicos antiparlamentarios. Yo niego rotundamente que el Parlamento español sea una ficción. La ficción auténtica es, por el contrario, la idea de que es una ficción. Resulta que unos cuantos hombres definen, por sí y ante sí, una institución, esto es, construyen una arquitectura de conceptos y en vista de que la institución real y viva no coincide con esos conceptos, la declaran ficción. Más discreto parece lo contrario: declarar ficticia nuestra idea cuando es incongruente con la realidad. En ninguna parte del mundo realizan íntegramente las instituciones el perfil de su definición. Queda éste siempre —y esta es su única misión— como un ideal orientador y una norma de perfeccionamiento. En cada nación se ha realizado de una manera distinta y en una proporción diversa el concepto del sufragio. La manera española no es ciertamente la mejor, pero es la nuestra, y sólo cabe pensar en corregirla lenta y paulatinamente. Pero el que exista en cada momento una distancia entre nuestro régimen de sufragio y su forma ideal, no implica que el Parlamento sea una ficción. Por el contrario, serían ficticias unas Cortes españolas en que súbitamente se hubiese ejercido con toda pureza el sufragio. Tal y como puede ser nuestro Parlamento, vuelto a su normalidad, será como ha sido un tiempo, la representación más exacta posible de la realidad política nacional. No confundamos las cosas. El sentido del ideal consiste en orientar nuestra voluntad, no en suplantar las realidades. Pedir para una nación como la nuestra el sufragio perfecto es pedir una ficción.

La concentración liberal-reformista, reunida hace poco en el Palace, hacía al país la misma demanda que yo ahora hago para que se asegure el funcionamiento de las Cortes. El propósito parece digno de todo aplauso. Pero, tal vez, no ha sido certero el giro que se ha dado a su expresión. Porque aquella demanda viene inclusa en un programa donde se solicita la instauración de ciertas formas jurídicas, simplemente porque como formas jurídicas, les parecen preciosas a los concentrados.

Poseen éstos una hipersensibilidad para las formas de Derecho que es muy estimable, pero evidentemente anacrónica. En tiempo de Hegel y más aún en el de Edgard Quinet, comulgaban amplias masas sociales en la fe de que hemos venido al mundo para realizar ciertas formas jurídicas. Se componían filosofías de la historia mostrando la larga y ondulante línea de las aventuras humanas como un proceso progresivo de realización del Derecho. Había entonces en el aire público una voluptuosidad para los formalismos del *Corpus Juris*, que hoy falta por completo. Estamos en otra edad, y no sobraría que gentes de avance como los concentrados lo advirtiesen. Ya no sienten fruición por las puras formas jurídicas más que los jurisperitos. Es la huella y el hábito de su oficio. ¿No convendría ampliar un poco más el estilo de la concentración a fin de que no lo fuese sólo de abogados?

Nada se adelanta hoy con sacudir en el viento los dogmas de la libertad y de la soberanía popular. Y no porque hayan dejado de ser verdad. Siguen siéndolo, sin duda, pero de otra manera que antes, matizados de nuevo cromatismo, dispuestos en otra perspectiva. Cuando las izquierdas arribadas al Poder en Rusia y Alemania, dictan leyes rigorosas de represión contra la propaganda política, es ingenuo que aquí, desde la oposición, se engolen las voces para cantar románticas arias de liberalismo y democracia. No convencerán a nadie. Han aprendido los hombres de las últimas generaciones que no es su destino en la tierra servir a ciertas abstracciones formales de ética o derecho, sino que, al revés, son derecho y ética instrumentos al servicio de las necesidades reales. Por sí mismas aquéllas carecen de valor: su valor es su oportunidad, y su oportunidad, su urgencia.

Siguiendo otro método que el usado por la concentración, yo he hecho ahora el ensayo de mostrar que el ejercicio normal de Parlamento es absolutamente necesario para que funcione el Estado español. Para ello no he necesitado suponer que el lector sea liberal, ni siquiera partidario de la soberanía popular. Ha dañado sobremanera a la política nacional el que los propagandistas renuncian de antemano a convencer a los disidentes y, prisioneros de su parroquia, hablan sólo a los convencidos.

El Sol, 2 de julio de 1922

Sobre la vieja política

Alfa y omega de la faena que se ha impuesto el Directorio militar es acabar con la vieja política. El propósito es tan excelente, que no cabe ponerle reparos. Hay que acabar con la vieja política.

Sin embargo, yo he de confesar que desde el primer manifiesto lanzado por el general Primo de Rivera mi simpatía y mi íntima adhesión a su obra arrastran una grave inquietud. Cada nuevo decreto, cada nueva nota oficiosa, vienen a engrosar este inicial desasosiego. Temo, en efecto, que la vieja política contra la cual dispara sus rayos el Directorio sea un ente muy distinto del que yo quisiera ver aniquilado.

El espíritu de aquel manifiesto y de cuanto ha seguido pudiera, sin tergiversación, ser resumido así: las desdichas de la nación proceden de que unos centenares de hombres, sin moralidad ni competencia, se han adueñado astutamente del Poder público, y, usando de éste en beneficio propio, sin atender a los deseos de la masa nacional, impiden toda obra fértil en lo público y en lo privado, anulan las iniciativas juiciosas, favorecen sólo a los cínicos y mantienen un puro desorden en todas las funciones del Estado. Si esos hombres son eliminados del Poder, España, por sí misma, sanará.

Esta idea, que el primer manifiesto expresaba, coincide exactamente con la opinión pública. La masa española piensa, en efecto, que la culpa de los males patrios la tienen los políticos, y que, extirpados éstos, el pueblo español vivirá feliz y en buen orden. Si el movimiento militar ha querido identificarse con la opinión pública y ser plenamente popular, justo es decir que lo ha conseguido por entero. Nada puede halagar tanto a la gran masa de españoles como que se les diga eso: que unas cuantas personas, con nombres propios y notorios, son las responsables de sus desventuras. Por supuesto, la gran masa de españoles que está convencida de eso no ha sido capaz en cincuenta años de sacudirse el gravamen de tan nefandas personas. No ha sido capaz ni siquiera de intentarlo. Ninguna de las generaciones actuales ha asistido al más leve conato popular para arrancar el poder de aquellas manos fraudulentas. No pocos hombres egregios han consumido su existencia en llamar a sus conciudadanos para que, formando una cruzada de reivindicación, libertasen la máquina pública, detentada por unos salteadores. Todo fue en vano: la muchedumbre no ha acudido. Calcúlese la gratitud que la gran masa nacional sentirá hacia estos magnánimos generales que, generosamente, desinteresadamente, han realizado la aspiración semisecular de veinte millones de españoles, sin que a éstos les cueste esfuerzo alguno.

Todo esto está muy bien, y es perfectamente claro. Pero no lo es menos que España no se compone sólo de esa gran masa. Junto a ella, mejor dicho, frente a ella, existe una pequeña masa de españoles, una serie de reducidas minorías. Da la casualidad de que estas exiguas minorías se componen de los españoles más valiosos, de hombres con la conciencia sobremanera limpia, y que, además, son en sus varios oficios, profesiones y clases lo que más honra a la raza. Estas minorías tienen también derecho a ser atendidas, siempre que sus opiniones y deseos sean razonables y aparezcan formulados con mesura. Estas minorías, unas con temple derechista, otras con temple izquierdista, se caracterizan por una capacidad de reflexión superior a la que goza la gran masa. Han comprendido muy bien que el Directorio necesitaba iniciar su actuación sobre una ancha base de coincidencia con la muchedumbre, y no les extraña que hasta ahora lo que se ha dicho y hecho tenga cierto sabor demagógico y vaya consignado a la galería. Pero están seguros de que en su hora el Directorio no olvidará que ellos también existen, que forman parte muy respetable de España y esperan palabras y actos un poco más consonantes con su sensibilidad.

Estas minorías no dudan de que los más hondos pensamientos del Directorio sobre los problemas de España se hallan todavía inéditos. No pueden creer que estos generales, hombres de mente clara y que sesgan ya las zonas menos juveniles de la vida tengan de los males de España las mismas ideas elementales que se repiten a toda hora en las tertulias de café, en los casinillos de provincia y en las carabas de aldea.

Ante los problemas españoles, como ante todo problema, reacciona la mente, formándose una primera opinión, que es siempre la más obvia y elemental. Luego, si la mente no se para, advierte el error de aquel primer pensamiento y lo sustituye por otro más adecuado que, a su vez, va recibiendo nuevas correcciones. Este movimiento y progreso del intelecto es esencial en toda cuestión, porque, ante toda cuestión, somos primero aprendices, y sólo más tarde maduros conocedores. No pretendo haber llegado a esas altitudes de un maduro conocimiento; pero he de decir que si a los veinte años pensaba, como todo el mundo, que la culpa de los males patrios la tenían los políticos, pronto me hallé muy lejos de tal opinión errónea, pueril y hondamente insincera.

Se comprende muy bien que, aprovechando un momento de descuido, un grupo de audaces se haga dueño de una nación y la gobierne a capricho, violentamente, sin congruencia con las ideas y sentimientos de la sociedad. Pero, ni que decir tiene, este fenómeno histórico sólo es posible con carácter muy transitorio. El pueblo sano, sorprendido un instante, se recobra y no acierta a tolerar que se inveteren en el Poder unos gobernantes cuya índole y manera están en desacuerdo con el sentimiento y el carácter nacionales. No hay mejor síntoma para reconocer lo que es normal en historia —y en todo proceso vital— que la perduración. Lo anormal es, por esencia, fugaz, estado transitorio. Por consiguiente, si vemos que esa anómala disociación entre gobernantes y gobernados se hace crónica y dura casi un siglo —Costa hablaba de tres— pensaremos que se trata de una falsa interpretación de los hechos. Un modo de gobernación y un tipo de gobernantes que se estabilizan durante una centuria sobre un pueblo son inexorablemente un modo de gobernación y un tipo de gobernantes perfectamente ajustados al carácter de la masa nacional. Pensar de otra manera me parece grotesco y monstruoso.

Bastaría esta reflexión genérica para invitarnos a corregir la idea vulgar que se tiene de nuestra «vieja política». Pero el caso de España añade con superabundancia nuevos argumentos. Supongamos que no fuera síntoma inequívoco de la normalidad de un régimen su perduración, ¿qué otro rasgo o señal habría para, al menos, venir en la sospecha de que el sistema de gobierno no coincidía con la voluntad nacional? Sólo éste: que los gobernados hubiesen intentado, reiterada y enérgicamente, eliminar a sus malos gobernantes. Pues bien; ¿quién recuerda un solo intento parecido en España? No lo ha habido, ni siquiera germinal, ni siquiera en sombra o trasunto. La «revolución» del 68 fue, poco más o menos, como el golpe de Estado de 1923, obra de unas cuantas personas, sin verdadera colaboración ni asistencia de la masa nacional. La «revolución» del 68 —no se olvide— fue hecha por palatinos. Una vez y otra ha aparecido algún hombre generoso que se sublevaba contra el sistema constituido. El último fue el señor Maura. Pues bien: siempre ha ocurrido lo mismo: el protestante se quedaba solo y la gran masa nacional seguía sustentando a la «vieja política».

Una de las características de la vieja política era la flojera de la autoridad. El viejo régimen no se ha permitido nunca violencias; al contrario, ha permitido todas las violencias contra el Poder público. Durante su imperio todo el mundo ha hecho lo que le venía en gana. Lo único que no le vino en gana a los españoles fue libertarse de esa ominosa política, contra la cual expectoraban formidables diatribas en las tertulias de café, en los casinillos de provincia, en las carabas de aldea. El que para orientarse sobre el verdadero sentir de los españoles atiende a lo que éstos dicen, no conoce lo más mínimo la psicología nacional.

Advertencias de este linaje nos llevan a la convicción de que es completamente ilusorio reducir la «vieja política» a una detentación del Poder público por unos centenares de audaces. Si fuera esto, carecería de importancia, y hubiera sido muy fácil curar el mal. Mas es preciso reconocer con entereza la pura verdad: la «vieja política» era y es el sistema de gobernación que espontánea y entrañablemente corresponde al modo de ser de los españoles. Pensar otra cosa es ganas de hacerse torpes ilusiones, y es, además, la mayor falta de patriotismo: cobardía para mirar de frente la realidad nacional. Quien de verdad aspire a curar la enfermedad histórica de España tiene que comenzar por atreverse a verla y a denunciarla.

No; la vieja política no es sólo ni siquiera principalmente una serie de abusos —latrocinios, injusticias, ilegalidades— cometidos por unos cuantos hombres. Ha sido, a mi juicio, un error del movimiento militar enfocar exclusivamente por este lado el proceso de rehabilitación nacional. Porque la realidad no es ésa, y la realidad se venga siempre, pronto o tarde, cuando no se la atiende o se la confunde. Es preciso decirlo taxativamente; los políticos españoles no han sido nocivos a la nación por sus abusos. En muchos otros países que llevan vida saludable, los políticos han abusado más que en España. Atacarlos por el frente de los supuestos abusos es caminar ciegamente hacia su reivindicación. Todo lo que se podrá encontrar hurgando en los bajos fondos serán algunas pequeñas canalladas de algún que otro personaje, pero nada que, siquiera a manera de símbolo, explique la profunda desorganización de nuestro cuerpo colectivo y justifique nada menos que un golpe de Estado.

Los viejos políticos, digámoslo galantemente, eran sólo la flor de la «vieja política». La raíz y la causa de todo el régimen estaban y están en los gobernados, no en los gobernantes. El cinismo, la desaprensión, la incompetencia, la ilegalidad, el caciquismo, etcétera, procedían, proceden y procederán de la gran masa española que vive desde hace mucho tiempo, con anterioridad a la instauración de la «vieja política», en un grado de desmoralización superlativo. Y lo más pernicioso que puede hacerse es halagar sus torcidos instintos, dándole a entender que es ella virtuosa y que sus males proceden de individuos determinados, y, al fin y al cabo, sobresalientes. Los viejos políticos fueron creación entrañable de una época española. El pueblo los ha hecho, los ha seleccionado, los ha dirigido, los ha moldeado. La mayor falsedad que se ha dicho —y se ha dicho innumerables veces— era calificar de «ficción» y de «farsa» el régimen que ahora quisiéramos aniquilar. Mirando bien las cosas, se viene al convencimiento de que la política de los últimos cincuenta años ha sido la expresión más exacta del sentimiento colectivo español. No conozco país donde en esa época haya gobernado tan plenamente la opinión pública.

La prueba de todo esto se expone a hallarla muy pronto y superabundantemente el Directorio cuando sus excelentes deseos entren en contacto con la realidad del alma española. Lo que ha hecho hasta ahora era fácil, porque era quitar, cortar, segar, cosas que el Poder público puede hacer solo y por sí. Pero mañana tendrá que comenzar a reconstruir el Estado, y esta magnífica faena —lo más grande y excelso que cabe intentar sobre el planeta— por fuerza ha de hacerse con la intervención del pueblo. Veremos si entonces lo que va apuntado conserva el aspecto de paradoja que ahora tiene.

No es lo importante castigar los abusos de los gobernantes, sino sustituir los usos de los gobernados. Exactamente los mismos defectos que al aparecer en las funciones de Estado atribuimos a la «vieja política» los encontramos en todas las operaciones privadas de los ciudadanos. La economía de los particulares adolece de los mismos vicios que la finanza pública. La incompetencia del ministro y del parlamentario, su arbitrariedad, su caciquismo, reaparecen en el ingeniero, en el industrial, en el agricultor, en el catedrático, en el médico, en el escritor. Por eso es el mayor *quid pro quo* que cabe cometer imaginarse el caso de España como el de un país donde una sociedad sana sufre los vicios y errores de unos cuantos gobernantes, de suerte que bastaría con desterrar a éstos para que las virtudes nacionales den su lucida cosecha. Desgraciadamente, el caso de España es más bien inverso. Con ser detestables los «viejos políticos», son mucho peores los viejos españoles, esa gran masa inerte y maldiciente sin ímpetu ni fervor ni interna disciplina.

No; la curación de España es faena mucho más grave, mucho más honda de lo que suele pensarse. Tiene que atacar estratos del cuerpo nacional mucho más profundos que la «política», la cual no representa sino la periferia y cutis de la sociedad.

Yo creo firmemente que es posible hacer una España espléndida. Es posible, pero no es fácil, y, sobre todo, me parece inútil desearlo vagamente si no hay resolución para embestir el mal en las zonas subterráneas donde radica. Llevamos cincuenta años en que derechas e izquierdas, altos y bajos, por activa o por pasiva, no hacen otra cosa que halagar a la gran masa de españoles, verdaderos responsables de la mengua histórica nacional. Para rehacer España es forzoso resolverse a no contar con el español medio. Sólo una concentración de todas las minorías selectas que formen una legión sagrada y arremetan contra la masa —por supuesto, sin otras armas que la nuda y pura voluntad—, puede hacer de la materia corrompida, que es nuestra raza, un nuevo Poder histórico.

Y sería entender mal esto que digo suponer que esa rebelión de las minorías contra la masa —del capaz contra el incapaz, del noble contra el vil— excluye cualquiera forma de gobierno. El problema a que me refiero se plantea lo mismo al conservador que al demócrata y al socialista. Todos ellos saben que sus esquemas jurídicos, los moldes de sus instituciones predilectas, fracasarán, porque el material humano en que han de vaciarse es inservible. El dictatorial, lo mismo que el demócrata, si quieren hacer algo acertado, tendrán que revolverse contra la opinión pública. En cambio, con la opinión pública se volverá irremisiblemente a lo que ella ha creado: la «vieja política».

El Sol, 27 de noviembre de 1923

[Mi artículo «Sobre la vieja política»...]

Mi artículo «Sobre la vieja política» ha sido ocasión de comentarios y discusiones más numerosos y acalorados de lo que el trabajo merecía. Por lo mismo, me interesa hacer constar que era el artículo segundo de una serie. Los restantes seguirán, si el Poder público lo permite. Hoy hago una interrupción polémica, a fin de contestar algunas observaciones que me son dirigidas por este mismo periódico, donde escribo desde su fundación y del que no me han de separar las actuales discrepancias.

* * *

Cuando se adopta ante los problemas nacionales una actitud como la que yo he adoptado, es ineludible y hasta deseable coincidir sólo con muy pocos. Al acusar resueltamente al pueblo español desmoralizado de la debilidad que padecen nuestra nación y nuestro Estado, al renunciar a halagar sus malos instintos, atribuyendo una vez más la responsabilidad de aquélla a grupos nominativos, sé que no se me ha de otorgar pronta ni fácil aquiescencia. Esta sensación de aislamiento ha sido siempre el gran estímulo incitador que mantiene tenso el ánimo de las minorías selectas, las cuales son selectas —entiéndase bien—, ante todo y sobre todo, porque se exigen mucho a sí mismas. El hombre que se impone a sí propio una disciplina más dura y unas exigencias mayores que las habituales, se selecciona a sí mismo, se sitúa aparte y fuera de la gran masa indisciplinada, donde los individuos viven sin tensión ni rigor, cómodamente apoyados los unos sobre los otros. Por eso el lema decisivo de la antigua aristocracia, forjadora de nuestras naciones occidentales, fue el sublime *Noblesse oblige*. Yo no espero nada de hombres que no sientan el orgullo de poseer más duras obligaciones que los demás. La nobleza en el hombre, como en su hermano el animal, es, ante todo, un privilegio de obligaciones. El caballo de raza lo es, ante todo, porque tiene obligación de correr más que el vulgar, o resistir más largamente.

Yo no sé si existen hoy en España algunos hombres resueltos a romper con el ejército de lugares comunes falsos que impera sobre la conciencia pública, y que se han impuesto la obligación de pensar por sí mismos, de aguzar sus ideas, de confrontarlas una vez y otra con la realidad hasta conseguir una exacta adecuación. Es natural que se sientan como sitiados por la tosquedad de las ideas ambientes. No se desanimen por ello: al contrario, ésa es su mayor fuerza. Todas las cosas valiosas que se han hecho en la Historia han nacido de esa disciplina dura, vibrante, que no consiente el menor abandono y flojera, la disciplina que reina en las plazas sitiadas. El día en que un grupo de españoles se decida a aceptar esa disciplina de sitio, la nación se habrá salvado, porque entonces existirá el instrumento para reconstruirla.

* * *

Me era conocido que *El Sol* no coincidía conmigo ni en la manera de entender la vieja política ni [en] el modo de apreciar la situación actual. Tanto más he de agradecer que publicase mi artículo de anteayer, donde tan gravemente discrepaba de sus ideas. No me extraña, pues, que en un editorial haya opuesto a mis juicios algunas razones. Lo que sí me extraña —y mi larga y entrañable adscripción a la vida de este periódico me da algún derecho a expresarlo sin oblicuidades— es la calidad de esas razones.

Cualquiera que sea la doctrina sustentada por *El Sol*, hay una a que su fundación y su tradición le obligan: la fineza del pensamiento. Que *El Sol* piense blanco o piense negro, pero que piense siempre, es decir, que reaccione ante todo problema con ideas claras y agudas. El patriotismo más urgente en España ha de consistir en coger los tópicos falsos y guillotinarlos. Por eso, me ha extrañado que a mi artículo «Sobre la vieja política» oponga *El Sol* tan sólo razones inoperantes.

Ante todo, debió eludir llamarme pesimista. Este mutuo zarandearnos con la acusación de «pesimismo» y la inocente ilusión de creer que hemos hecho algo genial cuando nos hemos titulado «optimistas» debían acabar de una vez para siempre. Llamarme pesimista no es decir nada. Se trata de un vocablo vago y sin fijo contorno que suele usarse en

España —y no sólo en España— por el que ha pensado poco contra el que ha pensado más. El que explica los males de España de una manera menos simplista que es uso parece siempre «pesimista». Cuando yo de mozo vivía en Alemania, pronunció el ex Káiser su famoso apotegma: «¡No tolero pesimistas!» Era la respuesta de una cabeza de cartón a otros hombres más reflexivos que ya entonces previeron los desastres posteriores. Como en *El Sol* hay espíritus egregios capaces de pensar sobre los asuntos españoles más y mejor que yo, sería conveniente que no volviese a llamarme «pesimista», vocablo inepto que nada prueba y nada refuta.

Por lo mismo, es erróneo afirmar que yo supongo «a la masa española punto menos que irredimible». No hay tal. Creo, como *El Sol*, que es redimible, mas esto implica dos cosas: primera, hallarse convencido de que necesita redención, por lo tanto de que hoy por hoy vive en grave envilecimiento; segunda, preocuparse de descubrir y preparar los redentores. No es redentor cualquiera. No basta con la buena voluntad. El que no tiene más que buena voluntad no tiene siquiera buena voluntad. La facultad de Medicina perseguiría a quien se metiese a cirujano sólo con su buena voluntad de ser cirujano.

Apuntaba yo en mi artículo un argumento que considero de algún vigor. Si un historiador se encuentra con que en la época moderna cierto tipo de gobernantes se ha estabilizado centenariamente sobre una nación, no podrá sospechar que hubo incongruencia entre aquéllos y los gobernados, a no ser que los documentos le hablen de enérgicos y reiterados esfuerzos hechos por la masa social de quitarse de encima los malos regidores. En España no ha habido tales esfuerzos. Luego no ha habido tampoco incongruencia entre gobernantes y gobernados.

Que no ha habido tales esfuerzos me parece cosa demasiado evidente: sólo un prurito polémico puede afirmar lo contrario. Y no aludo preferentemente a esfuerzos revolucionarios. Me bastaría para retirar mi argumento que se pudiesen con veracidad retratar fuertes movimientos pacíficos de la masa nacional contra el régimen imperante en los últimos cincuenta años. Pero, ¿qué es lo que se me dice en *El Sol*?

«Recuerde el señor Ortega y Gasset que nunca se dejó a los gobernados el camino expedito ni aun para manifestar su voluntad pacíficamente y que en muchas ocasiones para castigar un amago de ataque al poder de los caciques se acudió a la más desaforada violencia y se derramó abundantemente la sangre por las calles».

Perdóneme *El Sol*, pero este párrafo me suena a «vieja política». Los periódicos han colaborado también, y muy principalmente, en la «vieja política», con un repertorio de confusas ideas y una fraseología específica. Yo no recuerdo esas terribles violencias en que se derramó sangre abundante para ahogar el sufragio popular. Eso no ha pasado nunca en la España de la «vieja política». Si ha habido alguna excepción, será una excepción y nada más. El pueblo ha podido siempre, con poca voluntad que de ello tuviera, emitir su voto. Donde existió Cuerpo electoral, los Gobiernos de España no hicieron más ni menos que los de cualquier país.

La «vieja política» no estaba sólo en los ministerios. Era un organismo completo. Tenía su oposición. Y esta oposición «vieja política» poseía sus tópicos característicos, sus mitos y ficciones peculiares. Uno de éstos, en que se han gastado toneladas de tinta, consistía en acusar a los Gobiernos de falsear el sufragio. Se ha dicho infinitas veces que las elecciones en España eran una ficción. Y la auténtica ficción era precisamente decir eso. Las elecciones en España han sido lo que podían y tenían que ser las elecciones en un pueblo sin convicciones civiles, sin arrestos históricos, sin entusiasmo por nada ni por nadie.

Me invita *El Sol* a recordar. Pues bien, *recuerdo que pocos meses antes del golpe de Estado, se verificaron unas elecciones. En ellas fue vilmente vendida más de la mitad de los censos. Si eran libres éstos para venderse al más rico, también podían haberlo sido para regalarse al más honesto o al más inteligente.*

Piense cada cual, con su íntima lealtad, en lo que este hecho significa y deduzca las consecuencias que la veracidad le inspire. Si cree que, no obstante, debe seguir adulando a ese pueblo simoníaco hágalo con su conciencia. La mía se rebela a tal conducta y, por lo mismo que, dada la escasez de mi obra y lo recortado de mis méritos, soy uno de los españoles más favorecidos por ese pueblo, me creo obligado a revolverme contra él y arrojarle indignado, avergonzado, su crimen al rostro. *Nobleza obliga.*

[El intelectual y la política]

Señor director de *El Sol*.

Mi querido amigo: me incita usted a que le exprese mis opiniones sobre la situación política actual y lo que fuera más conveniente proyectar para un futuro muy próximo. Ya sabe usted que desde hace bastante tiempo me he vedado toda excursión hacia los problemas públicos: escribo sobre temas metafísicos y estéticos, sobre las Atlántidas o sobre China. No son estos asuntos de gran monta pero como veo que apenas nadie se ocupa de ellos y, en cambio, casi todo el que maneja una pluma diserta sobre política, pienso que ésta se halla suficientemente servida y es lícito, hasta obligado, sacar a la consideración otras cosas que no carecen por completo de jugo espiritual. Invoca usted para atraerme al tema público la singularidad del momento, lo grave de la circunstancia, y me presenta una aterradora lista de deberes a los que me supone usted ligado, todos ellos convergentes a obligar mi respuesta a sus preguntas.

¡Encantado, amigo Lorenzo! ¡Allá va todo lo que usted quiera! Considero tan sin importancia que yo hable de política como que yo calle. Mi silencio no tiene el rango de una actitud. Lo mismo me da hablar que no hablar. ¿Doy a usted gusto hablando?... Pues allá va, amigo Lorenzo.

Pero no me hable usted de deberes. No acepto en manera ninguna que por ser escritor se me exija ocuparme de política más, o en otra forma, que lo que pueda exigirse al labriego que ara su surco, la mano en la mancera. Domina en este punto un error que considero sumamente nocivo para la vida española. Hace algún tiempo tuve una pequeña discusión verbal con nuestro amigo Fabián Vidal, director de *La Voz*. Movido de su patriótica efusión, había éste publicado un artículo sobre la generación del 98 —a la cual, conste, que yo no pertenezco. Pero más o menos, decía Fabián Vidal: «Estos hombres han compuesto obras literarias admirables, han hecho una labor ideológica excelente. Sin embargo, no han hecho nada porque no han salvado políticamente al país». Esta idea me pone un poco frenético porque me parece de una injusticia y una arbitrariedad superlativas. Yo creo que si algunos de esos hombres han producido algunos libros egregios que perdurarán en la historia literaria española, han hecho todo lo que tenían que hacer, han cumplido íntegramente, sublimemente, su misión, y es un contrasentido exigirles que encima de ello, y precisamente por ello, estén obligados a cumplir otra hazaña más de carácter político. No veo por qué al autor de novelas o al ensayista se le ha de apuntar como un deber esencial lo que no se demanda al industrial, al agricultor o al médico. Me parece más acertada la anciana sentencia platónica según la cual el bienestar de la república radica sencillamente en que «cada cual haga lo suyo». Una de dos: o se estima al escritor como lo que es, como escritor, y entonces parece absurdo que se le obligue a justificar su existencia como bracero de la política, o no se le estima, y entonces no veo qué puede esperarse de él en las arduas faenas públicas.

Este tópico sobre injusto, ha sido fatal. Porque nos ha inducido a los escritores —a mí también, en tiempos— a creer que entendíamos de política simplemente por ser gente de letras o de ciencias. Y el resultado ha sido aumentar gigantescamente la confusión pública con una intervención perturbadora. El intelectual que lo es auténticamente, tiene una sensibilidad y unos hábitos mentales por completo opuestos a los del buen político. Son dos castas de hombres antagónicas y, ambas en su peculiaridad, necesarias dentro del organismo social. Pero que cada cual haga lo suyo.

Entreacto polémico

Para el conde de Romanones

I

Excelentísimo señor conde de Romanones.

Mi ilustre y querido amigo: Me complace vivamente verle a usted llegar sobre mí, presto, aguerrido y ágil como un luchador joven. Es usted una «fardida lanza», y las heridas que me abran sus botes quedan compensadas por el deleite de presenciar su ardor beligerante. Siempre he creído que el político de raza se reconoce en la celeridad con que acude a la brecha. Por eso —y si en la alusión a la edad ve usted sólo un homenaje— le diré que mientras leía esta carta, donde tan bravamente me combate, cantaban dentro de mí los versos del romance antiguo:

> ¡Viejo que venís, el Cid!
> ¡Viejo venís y florido!

Me es, pues, sobradamente grato departir con una persona como usted, a quien me une el afecto y de quien me
separa casi todo lo demás. El diálogo más sabroso es el que
brota entre dos que se quieren y no coinciden.

INTELECTUALIDAD Y POLÍTICA

Pero no comprendo bien cómo ha podido usted tomar
tan en serio las «vaguedades» que yo he emanado desde
estas columnas. Usted mismo viene a calificarlas de «meros
pasatiempos, gratos sólo como ejercicio intelectual». Claro
está, conde: no son otra cosa que meros pasatiempos. Es
éste un punto sobre que yo desearía claridad de una vez
para siempre. A mi juicio, el ideal fuera que los «intelectuales» no se ocupasen de política, sino que vacasen a sus menesteres literarios y científicos. Con que cumpliesen éstos
bien, habrían hecho por la sociedad tanto, que nadie tendría derecho a exigirles nada más. ¿No es incongruente que
por estimar a un hombre como poeta o matemático le con-
sideremos obligado a ser además político? Pero ya que las
circunstancias en todo el mundo, y especialmente en España, hacen imposible una aproximación a aquel ideal, me
parece forzoso supeditar la intervención política del literato y del científico a esta norma rigorosa: el intelectual, al
hacer política, tiene que hacerla como intelectual y no de-
jándose en casa las virtudes y los imperativos de su oficio y
disciplina. Sólo así podrá resultar fecunda su colaboración.
Yo no puedo pretender ser mejor político que usted; sólo
puedo aspirar a ver las cosas bajo otro ángulo, a otra distancia y con otro rigor, de suerte que mis observaciones com-

plementen de alguna manera las de los hombres políticos. Ni puedo aceptar que el intelectual licencie su mente y se agencie *ad hoc* un cerebro de portero o cochero de punto para opinar desde él desaforadamente sobre cuestiones públicas. Reclamo, pues, todo el margen que me es necesario para formular un pensamiento complejo, preciso y lleno de reservas y cautelas. De él podrá tomar el político la porción que juzgue discreta y dejarme el resto para mi uso exclusivo.

En el tiempo presente es de la mayor importancia acertar con la ecuación justa que regule las relaciones entre intelectualidad y política. Y esto por dos motivos inversos. El repertorio de nociones políticas al uso se ha quedado retrasado respecto de los hechos. Sobre todo las «izquierdas» usan un surtido de conceptos notoriamente arcaicos, incapaces de dominar la gigante complicación de la vida actual. Muchas veces he hecho notar que los grupos más afanados en representar la avanzada política viven con ideas y sentimientos de retaguardia. Ha de ser obra de los intelectuales poner al día la conciencia pública. Mas, por otra parte, el cultivo de temas políticos ha producido una depresión de la intelectualidad en los escritores mismos. Y esto no puede ser. Es preciso que el público lector exija al que escribe, ante todo y sobre todo, fina intelección, curiosidad, agudeza, saber, y ese temple sereno, veraz, digno que es el síntoma de la inteligencia, el tono propio a este oficio, al fin y al cabo, el más bonito del mundo. La política está sirviendo de pretexto para que muchos escritores se contenten con dar al viento sus apasionamientos pueriles o sus envidias maduras.

LIBERALISMO ABSTRACTO

No se inquiete usted, conde. Con no haber muchas, hay más probabilidades de que se forme ese frente único constitucional, apadrinado por usted, que el otro frente recomendado por mí. Yo pido demasiado: pido que las gentes cambien de ideas y sustituyan las que tienen, anquilosadas y simples, por otras más flexibles y complicadas. Llevo, pues, las de perder. No tiene usted más que leer los periódicos de estos días y hallará con satisfacción que casi todos los «intelectuales» coinciden en lo esencial con usted y se oponen a mí. La doctrina de libertad que insinúa en su carta y los simpáticos aspavientos que hace usted frente a la reacción invasora son canónicos para todas las «izquierdas» —salvo, y me interesa subrayarlo, los socialistas. El socialismo, ultimogénito del pasado, es el primer partido donde aparecen algunas facciones de la política futura, y por lo mismo azora tanto a los liberales, que no le hallan tan liberal como ellos quisieran. Tampoco el socialismo quiere la libertad ante todo, la libertad sola, porque ha aprendido de Carlos Marx, el cual lo aprendió de Hegel, que la libertad sin más no es más que un abstracto. Decía este filósofo que en el proceso histórico, donde se va elaborando la liberación humana, «el liberalismo es la tendencia que se aferra a la abstracción; sobre él triunfa siempre lo concreto, y lo mantiene en perpetua bancarrota».

La libertad es una cosa que no se puede querer sola, como no se puede querer solo el perfil de una mujer sin la carne que lo sostiene. Para querer libertades es menester, por lo menos, querer además los medios de ejercerlas y asegurarlas. En España poseíamos, mal que bien, una sombra de libertades con la antigua Constitución y el antiguo Parlamento. Pero es el caso que estos soportes no debían ser muy firmes cuando tan galanamente nos han sido extirpadas aquellas libertades. Y ahora, en nombre de éstas, me pide usted que vuelva a la Constitución y al Parlamento que se las dejaron arrebatar. ¡Qué cosas tiene usted, conde!

De suerte, que aun mirando el caso desde el punto de vista exclusivo del afán de libertades, resulta imprescindible ocuparse de otras cuestiones que no son liberalismo abstracto. Para conseguir eficazmente una misma libertad en Inglaterra, en Francia y en España será forzoso inventar medios diferentes, porque las tres razas lo son. Por esto decía yo que el adjetivo liberal no basta para definir una política. El liberal tiene que nacionalizar la libertad, y consecuentemente necesita una política nacional, que es lo que no han tenido nunca las izquierdas españolas, y por no tenerla han sido barridas del área histórica.

No puede haber en España libertad mientras que las instituciones que la proclamen no gocen de plena autoridad, y no tendrán autoridad mientras no sean respetables, y no serán respetables mientras no sean sinceras y eficientes, y no serán sinceras y eficientes si se preocupan sólo de ser liberales y no se ocupan de la existencia nacional, de sus otros problemas más urgentes. A la postre no se afirman en ningún país más instituciones que las que le llevan al triunfo, las que aumentan su vitalidad.

España es el único pueblo donde se ha tolerado que las «izquierdas» hablen sólo de sus problemas privados, de sus adjetivos diferenciales y no se interesen en las necesidades históricas de la nación. La consecuencia ha sido que pierdan todo arraigo en los sentimientos espontáneos de la población y acaben por hablar sólo a su parroquia interior, sin intentar siquiera, perdido el imprescindible orgullo, convencer a los de fuera.

¿Qué quiere usted, conde? Si ser liberal significa hacer lo que ustedes han hecho en su tiempo y lo que a destiempo siguen haciendo hoy las «izquierdas» —a saber, parlotear sobre la libertad—, yo soy resueltamente iliberal. Pero conste que mi iliberalismo consiste, no en desear menos libertades que ustedes, sino en desear a la vez muchas otras cosas.

Es incompatible con la sutileza de los tiempos creer que se ha hecho todo en política, cuando se ha verbalizado sobre liberalismo y democracia —suponiendo, como tantas veces he dicho, que muchos liberales y demócratas tengan una idea clara de lo que es liberalismo y lo que es democracia. Hace falta algo más, conde. Hace falta penetrarse bien de lo que es España y resolverse a atacar sus enfermedades más añejas, dando a su cuerpo, por vez primera, una organización dinámica que la empuje hacia una vida vibrante y noble. Mientras reine la insondable chabacanería reinante en España que nos han dejado las «derechas» y las «izquierdas» del siglo XIX, no ha lugar a hablar de libertad y de democracia, como tampoco de autoridad y de respeto a la ley, en suma, de ninguna cosa seria.

Vea usted por qué yo no puedo estar sino con quien venga resuelto a reformar hondamente las instituciones españolas, a dislocar la arcaica estructura de la nación con la mira de apretar a la raza y forzarla a dar un brinco sobre la historia. Sin esto, la libertad no me interesa nada, porque será no más que una palabra. De tal libertad digo lo que Cristina de Suecia decía de su corona cuando la abdicó: *Non mi bisogna e non mi basta.*

En cuanto al anómalo colapso que el mínimum de buenos usos sufre ahora, no logra preocuparme. Tal vez me ha habituado la antigua Constitución, con su Parlamento y todo, a pasarme largas temporadas sin los derechos del hombre. Usted mismo, conde, ha demostrado con frecuencia su amor a las libertades —de la manera que el verdugo al ahorcado—, suspendiéndolas.

El Sol, 15 de marzo de 1925

II

DEL REALISMO EN POLÍTICA

Si he reclamado, conde, un amplio margen para hablar de política como «intelectual», no crea usted que busco un expediente merced al cual eludir los problemas más inmediatos y, por lo mismo, más difíciles. En este punto tiene toda la razón su carta, y para defenderlo me hallará usted siempre a su vera. En política, por muy de «intelectual» que sea, no puede haber cerros de Úbeda. La línea en que termina el área de la política podrá estar todo lo lejos que se quiera, cuanto más mejor, porque ello mide el radio de nuestra previsión; pero la línea en que empieza nos es rigorosamente impuesta y no deja juego a nuestro albedrío e inspiración: es la línea que en cada instante pisan nuestros pies. Es el «aquí» y el «ahora». Una generación, en cuyo regazo ha caído el egregio don que representa la teoría de la relatividad —para no citar sino este fruto, el más conocido y glorioso de la ciencia actual—, tiene que perseguir dondequiera el utopismo como una inepcia, como una inmoralidad y como un anacronismo. Ésta es la gran corrección que nuestro tiempo va a hacer a las ideas políticas del siglo XIX, corrección de que se derivan todas las demás. Porque en el siglo XIX casi todas las ideas y emociones políticas eran precisamente utópicas —lo mismo las progresistas que las reaccionarias. Aquellas gentes no encontraban sabor a la política si no comenzaba por proponer algún absurdo, perfectamente irrealizable o por su extravagancia o por su simplismo. (Recuérdese que uno de los proyectos de Constitución elaborados en 1790 comenzaba: «Todos los franceses serán felices»). Las gentes se apresuraban a definirse por sus atributos más discrepantes, y no les parecía grotesco denominarse «izquierdistas» o «derechistas», amputando así cada cual la otra mitad de sí mismo. Sin estos tragos de aguardiente, nuestros abuelos no se entonaban para la política. Romanticismo es embriaguez, y la política romántica empezaba por un deleitoso frenesí. Claro está que al llegar al Poder y ponerse a gobernar, les nacía una súbita cordura, y sus actos de gobernantes contradecían sus gesticulaciones de la oposición. Es el sino de todos los utopistas necesitar una doble política, según que estén en el Gobierno o en la oposición —como los escolásticos usaban una «doble verdad», que les permitía sostener una cosa en filosofía y otra en teología.

Esta duplicidad es la que empieza a parecernos tan poco ingeniosa como poco moral. Sobre todo, al hombre de treinta años para abajo le repugna el político frenético. Eso de hacer cuadros plásticos de rigorismo en la oposición para luego supeditarse a las necesidades que implica todo Gobierno tenía algún sentido cuando la política era un espectáculo; pero hoy la política y la guerra han perdido visualidad. Son ambas faena de severidad y de precisión. Por eso es inadmisible toda actitud política —aunque sea «intelectual»— que no contenga dentro de sí, a manera de regulador, el punto de vista del gobernante. Y más que nadie está obligado a contar con este freno, que es a la vez un método, el publicista.

En este sentido —ello le demostrará que no escatimo el esfuerzo de aproximarme a usted— la única política estimable es la política realista. Pero conviene no dejar este término a la intemperie, sin abrigo de aclaraciones, expuesto a contraer las significaciones más nocivas.

Política realista no puede querer decir política de intereses. Eso sería más bien una política materialista o de egoísmos. Es falso que la realidad se componga sólo de afanes interesados. Si damos una palmada dentro de nosotros, veremos que levantan el vuelo pasiones del más vario plumaje, y que junto a egoísmos baten sus alas generosidades; junto a apetitos, entusiasmos.

Política realista tampoco significa idolatría de los hechos consumados y renuncia a modificar lo ya existente. Más que un hecho, es la realidad un flujo donde al lado de la forma madura y hoy vigente despierta un germen que mañana triunfará y se arrastra caduco un resto del ayer. De aquí que el verdadero sentido de la política realista, más que en aceptar la realidad, consiste en hacerla.

Esto es, a mi juicio, lo decisivo. Política realista es política de realización. La realización es el mandamiento supremo que define el área política. No va en contra del ideal, sino que le impone concreción y disciplina. La antigua «política de ideas» pretendía, sin más, que los hechos viniesen a ajustarse a las ideas nacidas por generación espontánea en las cabezas. Como esto es imposible, el político idealista vivía perpetuamente en posición falsa. El realismo es más exigente: nos invita a que transformemos la realidad según nuestras ideas; pero, a la vez, a que pensemos nuestras ideas en vista de la realidad, *a que extraigamos el ideal, no subjetivamente de nuestras cabezas, sino objetivamente de las cosas.* Toda cosa concreta —una nación, por ejemplo— contiene, junto a lo que hoy es, el perfil ideal de su posible perfección. Y este ideal, el de la cosa, no el nuestro, es el verdaderamente respetable. El ideal subjetivo anda siempre cerca de ser un capricho o una manía.

Como en todos los demás órdenes de la cultura, le ha llegado al idealismo la hora de ausentarse de la política. El idealismo político no es ya más que la forma laica de la beatería.

Recordemos, por vía de ejemplo, un menudo hecho acontecido bajo el último Gobierno anterior al golpe de Estado. El caso es ejemplar, por lo mismo que se refiere a materia parva. En aquel Gobierno participaban los reformistas. Durante años y años habían éstos estentorizado en la oposición declarando que ellos no nombrarían nunca alcaldes de Real orden. Cuando el caso llegó, los reformistas nombraron alcaldes de Real orden. Como yo conozco de cerca las personas que representaban en el Gobierno al reformismo, me consta, sin que quede poro a la duda, que les costó mucho mayor sacrificio nombrar los alcaldes y seguir en el Poder, que les hubiera supuesto dejar el Poder y ser fieles a sus reiteradas declaraciones. Esto elimina del ejemplo todo sentido de censura a las personas, y lo deja limpio como paradigma de una falsa posición en política.

Y yo pregunto: ¿Qué es lo que está mal en aquel hecho? ¿Haber nombrado los alcaldes? De ninguna manera. La circunstancia obligaba a ello. Para mí lo indebido no fue el acto de entonces, sino las ideas de antes. Lo que no me parece lícito es haber dado utópicamente a la cuestión de los alcaldes una solución ideal y haber hecho de ésta un principio. Que esto era un error lo demuestra el hecho de que personas cuyo desprendimiento me es notorio tuvieron que faltar a él. Y esto es lo que, con todo respeto a esas personas, necesito juzgar inmoral. No es sólo inmoral faltar de hecho a la norma ideal, sino también establecer una norma ideal a que luego es forzoso faltar. Como yo no trato con este recuerdo de vejar a nadie, añadiré, si es preciso, que fueron inmorales por exceso de bondad. Para mí es lo mismo quedarse corto que pasarse.

En el siglo XVIII publicó un extremeño cierto volumen en folio sobre la competencia de los «alcaldes de cuadrilla». La obra se divide en varios libros, cuyos títulos suenan así:

Libro I.— De Dios.

Libro II.— De la creación del mundo.

Libro III.— De la institución de los alcaldes de cuadrilla.

Este libro podía haberlo escrito un reformista.

Contra esta desviación idealista es preciso combatir en nombre, precisamente, de una moral pública más rigorosa. En el siglo pasado sólo se atendía para juzgar la ejemplaridad de un hombre si sus actos estaban de acuerdo con sus ideas; ahora hay que exigir también lo inverso: que sus ideas concuerden con los hechos. No sólo hay que cuidar lo que se hace, sino lo que se piensa. El idealismo es pecado. No hay *principios generales* honestos en política; en política sólo son honestos los *actos concretos*. Lo demás es cuadro plástico y gestos de santón suburbano.

Como ve usted, mi contestación a su carta se complica y prolonga. Me preguntaba usted cuál era mi ideario, y yo, ni corto ni perezoso, se lo expongo. Veremos si es usted tan gentil conmigo cuando yo le vuelva a preguntar: Bueno, conde, ¿cuál es su política?

Ni debe fastidiarle con exceso esta prolijidad mía. Cuantos más artículos escriba para responderle, mayor concurrencia se irá formando a su lado. Ya tengo a legiones frente a mí. Hace poco tiempo quise dar una conferencia en Zaragoza y la autoridad me lo impidió. Semanas después fui a dar otra en la capital andaluza, y el obispo, en combinación con el rector de la Universidad, que es un neo berroqueño, hicieron lo imposible para impedirlo. Ahora todos los liberales están irritados conmigo. «Derechas» e «izquierdas», las dos Iglesias, me excomulgan, cada cual desde su mano.

Todo ello es gran síntoma de que voy por buen camino. Porque en la política que ahora viene, «derechas» e «izquierdas» son cantidades muy secundarias y, en cierto modo, inexistentes. «Derechas» e «izquierdas» no son todo el mundo. «Derechas» e «izquierdas» son unos cuantos fantasmas mancos del pasado.

El Sol, 18 de marzo de 1925

III

NO ES TANTA LA PRISA

Creo que el régimen de libertades y la democracia son formas del derecho político, tan indeleblemente inscritas en la sensibilidad europea, que no cabe imaginar en serio ninguna institución estable que se les oponga. Las mismas «extremas derechas» y «extremas izquierdas», que presumen poder prescindir de ellas, las llevan disueltas en la sangre, y el día en que, abandonando su modesta posición de crítica, quisiesen establecer instituciones, se verían obligadas a aceptarlas.

Esto que creo respecto de toda Europa —Rusia no es Europa—, lo creo también respecto de España. Contra todo lo que se dice y es ya legendario, he visto que nuestro pueblo es tan liberal y tan demócrata como cualquiera otro, no más, pero tampoco menos. Sólo que nuestro pueblo es hoy sobremanera inculto y falto de vitalidad. Su liberalismo y su democratismo tienen que ser, por fuerza, incultos y sin arrestos. Tendría gracia que la debilidad nacional, patente en todo lo demás, no se manifestase en la acción política.

Pero es completamente un error suponer que la «reacción» posee gran vigor en España. Las faldas de cuatro beatas y las haldas de seis jesuitas no juntan energía bastante para mandar cantar a un ciego. Es, por lo menos, ilusorio creer que sumadas todas las fuerzas reaccionarias del país, son suficientes para esa enorme obra que sería establecer un régimen firme, normal, duradero. La verdad de esto parecería evidente el día en que la supuesta «reacción» pretendiese dar un paso decisivo.

Esta convicción me hace repugnar el gesto plañidero, amanerado y como inseguro de sí mismo que siempre han adoptado los liberales titulares, en vez de tener el orgullo de no acordarse de que son liberales y demócratas ni de que existen liberalismo y democracia, como no se acuerda uno en el hervor de la obra cotidiana de que existe el aire que respiramos.

Sin embargo, en España, como en Italia —en principio puede un día u otro acaecer cosa análoga en Francia, Alemania e Inglaterra—, se ha suspendido de pronto y radicalmente el ejercicio de las libertades y el imperio de la democracia. Este enrarecimiento súbito de la atmósfera, esta disnea de libertades nos obliga a reflexionar sobre el suceso. Por lo pronto, no a indignarnos, no a hacer aspavientos en la tertulia privada o en letra de molde, sino a reflexionar sobre lo que ha pasado. Es posible que sentir un excesivo bochorno nos lleve a dar demasiada importancia a un episodio, frente al cual no es hora de ejecutar acción ninguna. Ponga cara mustia el que se satisfaga con poner cara mustia. A mí me urge más hacerme bien cargo de lo que ha pasado y de su porqué. La coyuntura inspira antes que indignación otras emociones más tibias y socráticas.

Por muy bajo que se afore el liberalismo español, la facilidad con que se ha suspendido la Constitución y se ha volatilizado el Parlamento parece excesiva. Por otra parte, no se advierte que hayan hecho su presentación grandes fuerzas antiliberales capaces de instituir otro régimen perdurable. Todo ello nos obliga a pensar que, aunque hayan pagado el pato las libertades, el pato no es un triunfo de la reacción.

De esto están convencidos todos los «izquierdistas»; ¿por qué no lo reconocen? ¿Por qué en lugar de ello fingen atribuirlo a formidables poderes reaccionarios —como, a su vez, los jesuitas lo atribuyen todo a los masones? La razón es bien clara. Si las «izquierdas» reconociesen que la causa de lo acaecido no es un inexplicable incremento de la reacción, tendrían que reconocer la pura verdad, a saber: que en España, como en Italia, los causantes últimos —cualquiera que sea el detalle de la génesis— de este régimen extemporáneo son ellas mismas por haber dejado que sus instituciones —Parlamento y Gobierno— perdiesen el prestigio y la autoridad sin los cuales no hay forma política que se pueda sostener. Y como esto lo hemos anunciado docenas de veces antes de que acaeciese, tenemos derecho pleno a reiterarlo después de consumado. No han querido ustedes —ni los que han gobernado ni los que usufructuaban la oposición «radical»— poner seriamente mano a la obra de reformar poco a poco o brinco a brinco, como hubieran preferido, esas instituciones, y las han entregado indefensas al azar. No tienen ustedes calificación suficiente para presentarse ahora como los defensores oficiales de libertades que ustedes mismos han desamparado y desnutrido.

El caso es poco menos que increíble. Después de haber actuado años y años las «izquierdas», sea en el Gobierno, sea en las múltiples formas de la oposición, para obtener como resultado la situación actual, no se oye voz alguna entre ustedes que invite a una revisión táctica, de posiciones, de conceptos. Lejos de eso, la primera cosa que oímos es una inconcebible proposición de volver al mismo Parlamento. De modo que, después de un éxito tan lucido, después de haber errado, pretenden ustedes que rectifique el universo y se acomode nuevamente a sus añejos errores.

Esta ceguera, en que se revela haber resuelto Júpiter perderlos, me obliga a disociar mi liberalismo del de ustedes. Porque yo y otros queremos, por lo visto, de otra manera más firme las libertades; al menos estamos dispuestos a rectificar cien veces, tantas como sea menester, para conseguir nuevas instituciones liberales, a quienes nadie se atreva.

Y el hecho que necesariamente orienta a todo nuevo liberalismo en España es que la supresión del antiguo Parlamento se verificó con el asentimiento de la inmensa mayoría nacional. Este hecho no es una invención de nadie; fue un acontecimiento de perfecta autenticidad, y que ustedes ahora quieran darlo por no acaecido y, sin más, reclamen el retorno a la misma institución derrocada, nos descubre cuál ha sido el error capital de las «izquierdas»: ser ciegas y sordas para todo lo nacional; querer que la nación se adapte a ellas y no ellas a la nación.

La forma de aquel asentimiento no parece canónica a los liberales formalistas y, en efecto, no lo es. Pero es que se trata precisamente de un suceso en que se revela la insuficiencia de los cauces legales establecidos. Ese mismo asentimiento —cuyo hecho fue bien amplio y evidente— podían haberlo atraído sobre sí las «izquierdas». Todo lo subsecuente es ya materia sobre que la conciencia pública aparece mucho más dividida y problemática; pero aquel «no» al régimen inveterado fue prácticamente unánime. Sobre la dosis de injusticia y exageración que en aquel «no» había, al acusar a los hombres políticos de todas las desdichas nacionales, escribí en la hora más difícil un artículo que usted, conde, ha creído oportuno citar en el prólogo de su libro. Yo tendría, pues, que poner cien reparos a aquel movimiento de mis conciudadanos; pero lo que no se me ocurre es darlo por no sido en vista de que su forma fue jurídicamente defectuosa. En tiempos ilegítimos no hay para qué plantear cuestiones jurídicas que deben ser demoradas.

Toda actitud de hoy tiene, pues, que partir de dar satisfacción en alguna medida a aquel hecho enorme. Por eso, en vez de retornar de mala manera a un Parlamento que reanudaría la vieja historia con idénticas consecuencias, es preciso llegar a acuerdo sobre otra forma de Parlamento cuyo repertorio sea diferente del antiguo.

Con la propensión incorregible del «izquierdismo» a adoptar posturas de estatua heroica, se ha dado en decir que lo importante es volver lo antes posible a la libertad, sin preocuparse de más. Y tal vez al paleto, espectador de las figuras de cera en las ferias, le parezca tal actitud la más jacobina y conmovedora. Pero yo no logro pensar así. Sé que la libertad llegará irremisiblemente, hora antes u hora después, y lo que me preocupa es lo que se haga al día siguiente de su reaparición. Porque no es desmedida malicia temer que esta prisa por la libertad ampare el propósito de consolidar la urdimbre esencial del pasado. Todo antes que vivir un día más sin libertad —dicen muchos. Y yo enfrente: Todo antes que reinstalar la inercia nacional. Y desmenuzando el sentido de ambas fórmulas, sería curioso ver cuál contiene en infusión mayor dosis de liberalismo.

Estamos un poco hartos de oír quejarse a las gentes, en épocas de censura previa, porque no pueden escribir, porque no pueden hablar, y ver que luego, al cesar la anomalía constitucional, no tenían nada que decir y no habían empleado las horas de silencio siquiera en pensar. Convendría que esta vez llenásemos el almacén para el día oportuno.

No; no ha llegado la hora de patetizar ni mucho menos. La reconstrucción de una España vigorosa y libre, por lo menos de un Estado cuyo mecanismo institucional se incorpore enérgico, imponiendo respeto a toda frivolidad interior, es cosa nada fácil y de que apenas se ha empezado a hablar. No creo imposible que buena parte de lo que conviene decir pueda aún hoy ser dicho, hinchiendo con cuidado hasta su máxima elasticidad el ámbito que la censura deje.

Si ahora se elabora un programa de reforma española suficientemente honda y con él se afronta el minuto peligrosísimo de reaparecer la libertad, se habrá ganado con creces el tiempo de libertad que ahora se pierde. Mientras ese programa que enlace reciamente un amplio grupo de voluntades no existe, muchas personas leales y precavidas preferirán que un velo de transitorias nieblas civiles oculte su ausencia.

Su carta salió al paso de unos artículos míos donde me propongo reiterar el desarrollo de un posible programa, enunciado ya en junio del año pasado. Si hubiera usted recordado lo que entonces escribí no se habría usted resuelto a calificar de negativa mi actitud, sino más suavemente de equivocada. Esto del «negativismo» es un lugar común, impropio de usted, con que desde hace diez años se sale al paso de cuanto escribimos los que, mejor o peor, hemos movilizado algunas ideas en España. Cuando usted dice: «Volvamos al usado Parlamento», cree usted haber dicho algo muy afirmativo. En cambio, si yo digo: «Vamos a la reforma de España, empezando desde luego la porción posible», lo califica usted de negativo. Esto es un poco arbitrario, conde. Combatamos unos con otros, forjando en cada caso nuestras armas, y usemos en la contienda los menos tópicos posibles. España ganaría mucho si —a la manera que los nobles sus privilegios en la aurora de la Revolución— hiciésemos los españoles una renuncia general a los tópicos.

Y ahora permítame usted que interrumpa este coloquio y prosiga mis observaciones sobre una política de aquí y de ahora. No sé si en ellas encontrará usted cosa que le parezca discreta; pero yo he de ensayar atraer la atención pública sobre algunas trasformaciones ineludibles a que es preciso someter nuestra nación si se quiere que, algún día, la libertad sea un uso continuado en España, y de paso que circule sangre por sus venas. Pero la carta que me dirigió destacando hacia mí su liberalismo me ha obligado a entretenerme en insinuar cómo es el mío.

Sabe usted que recibo siempre con provecho sus esclarecimientos de hombre experimentado, y que soy muy su amigo.

El Sol, 19 de marzo de 1925

Maura o la política

I

He aquí a don Antonio Maura «tal como en sí mismo la Eternidad le cambia». ¡Mágico poder el de la muerte que elevando al hombre sobre la vida nos descubre su verdadera realidad! La muerte, como toda cima, tiene su gracia de Tabor: transfigura y alquitara la personalidad. Maura mientras vivió no fue lo que era «en sí mismo», sino, más bien, lo que era en nosotros, en nuestros odios o entusiasmos. Su figura se desmesuraba al refractarse en la atmósfera densa de nuestras pasiones. Ahora comienza su transfiguración en figura histórica. Se escapa de nuestros ardores, recoge la imagen que proyectaba sobre el alma del amigo o del enemigo, y, quieto, para siempre quieto, retorna a sí mismo. El paso de lo uno a lo otro ha sido esta vez literalmente un paso —un último escalón que no se ve aquí porque se ve el primero de allá. Este hombre, nunca enfermo, muere fulminado como los favorecidos, sin tránsito; de la vida apasionada se ha evadido a la claridad del mito. Más que morir, simplemente ha dejado de vivir.

* * *

El muerto queda fijo, como elevado en su hora. Entre tanto a nosotros el tiempo nos empuja hacia adelante, y cuando volvemos la cabeza vemos al fenecido allá lejos, al cabo de una larga perspectiva. La distancia se engulle los detalles, y de la persona deja sólo la esencial arquitectura. Cuando quedan sólo anécdotas es que no había otra cosa.

En rigor, don Antonio Maura se había ido alejando de la actualidad en los últimos años. Los acontecimientos interpuestos entre su labor pública y la fecha que corre habían comenzado a darle una lejanía histórica. Nuevos problemas, nuevas batallas, nuevos odios e ilusiones habían hecho olvidar los que batieron espumantes en torno a su gesto, y los antiguos enemigos, evaporada la hostilidad, veían hoy ya claramente lo que hubo de acertado en su actitud.

Yo no he hablado nunca con este nuevo y grande ausente: le he saludado una o dos veces. Probablemente no le hubiera complacido mi trato, ni a mí el suyo: soy demasiado «intelectual», cosa que Maura no fue nunca en medida ninguna. Si el que se halla a mi vera no emite ideas claras y precisas, siento pronto angustia respiratoria. Pero esto es una limitación mía, y no se me ocurre pensar que las ideas claras y precisas sean lo único, ni siquiera lo más importante en el mundo. No sobran, ciertamente, y sin alguna dosis de ellas nada llega a su perfección. Don Antonio Maura no fue un hombre de ideas, puede decirse que ni era un hombre de elevada cultura. Al menos en sus discursos y en su acción no hay huella de vastas y variadas curiosidades. Apenas si debió leer otra cosa que algunos clásicos castellanos, lectura estimable, pero de escaso rendimiento y estéril para educar la mente.

Sin embargo, este hombre ha sido, a mi juicio, el único político que ha habido en España durante los últimos cuarenta años. Político, hablando en serio, sólo es quien tiene una política. A los demás, la política los tenía. Unos, porque se contentaron con sortear las cuestiones según se presentaban, de modo que iban al estricote de los sucesos. Otros, los radicales, porque se acercaban a la vida pública presos en la escafandra de un sistema de convicciones jurídicas —liberalismo, democracia, etcétera— muy respetables, que pueden adjetivar una política, pero no suplantarla.

A don Antonio Maura no le preocupaban mayormente los que suelen llamarse «problemas de gobierno». Cualquier listo de provincias se apresurará a darnos una lección de realismo político diciéndonos: «¡No divaguemos! Veamos qué problemas concretos hay planteados». Al político de raza no le preocupan mucho los problemas que el azar plantea porque sabe que casi siempre son superficiales y es fácil resolverlos. Le importa más pensar qué problemas de subsuelo tiene que plantear él a su nación. Esto —ser un planteador de problemas— es el gran síntoma de estro político. Por eso, apenas se incorporó Maura sobre el haz de la vida pública española, la materia inerte de nuestro pueblo empezó a vibrar, el aire se caldeó, todo parecía cobrar un aspecto de realidad, de peligro, de vida. Es lo que pasa a la nave cuando, en vez de ir a merced de las olas, una mano firme toma el gobernalle y ciñe la borda al viento. Las cuadernas se estremecen, las velas dan latigazos, tiembla el mástil, pero la nave avanza en ruta, no flota a la deriva.

¡Y ese comienzo de vitalización nacional, de enardecimiento fue precisamente lo que le echaron en cara las demás gentes menores! Se decía que no tenía sentido de la realidad, puesto que a cada paso levantaba tempestades, provocaba conflictos. Con la estupidez reinante en aquellos años se creía haberlo dicho todo contra él y haber llegado del ingenio al ápice, repitiendo la frase de Gamazo: «Este hombre es un caballo que entra en una cacharrería». La frase no es auténtica, pero esto es lo de menos. Lo de más es que si, en efecto, había en el Maura de 1908 algo de «pura sangre», había en la vida pública del tiempo mucho de cacharrería. De modo que la frase, entendida hasta el cabo, se retorcía en su elogio; porque cuando la vida pública es una cacharrería, lo urgente es hacerla añicos. Y que lo era y que se iba a hacer añicos, aun sin el piafar de nadie, es una de las cosas que estos años han puesto en claro a los ciegos.

Estoy convencido de que cualquier otro hombre con temperamento opuesto, pero que tuviese una política, habría causado y causaría hoy la misma impresión. Porque una política significa la anticipación de una larga trayectoria de acciones públicas, y en el gesto con que se inicia va ya preformado el final. Si no hay capacidad para averiguar desde luego en la actitud de quien dispara el blanco adonde apunta, parecerá sin remedio un demente. Acaso el más grave mal de España es la escasez de personas dispuestas a entender un propósito político que no sea un entremés, que tenga más de un acto. Y si no se llega a comprender que a veces es lo más político suscitar deliberadamente conflictos para aprovecharlos como saltos de agua, podemos despedirnos de toda gran política.

Frente a la pseudo-política que no admite los conflictos, Maura tuvo la soberana intuición de la necesidad de ellos. Éste era el sentido de su «revolución desde arriba». Lo importante en sumo grado no son los «problemas de gobierno», los conflictos que surgen espontáneamente, traídos por la desdicha o engendrados por la enfermedad misma del cuerpo nacional; lo importante es descubrir qué conflictos preconcebidos hay que provocar terapéuticamente en la masa ciudadana para restablecer el equilibrio orgánico, la salud pública. La política monárquica no ha querido nunca convencerse de esto: se obstinó en que no pasase nada nunca, y en cuanto la marina se encrespaba derramó los odres de aceite. Con lo cual no parece que haya evitado ningún mal, y de cierto ha impedido todo bien.

Desde 1908 han corrido diez y siete años. Por tanto existe hoy una nueva generación, apta para comenzar e intervenir en la vida pública, que no vivió aquella fecha apasionada. Yo entonces no comprendía a don Antonio Maura, como aconteció al resto de mis contemporáneos. Luego he aprendido algunas cosas, entre otras a entender el sentido general de su intención política. Tal vez sea de alguna utilidad comunicar a la gente joven el resultado de ese aprendizaje. Si me leen hallarán que hoy considero como lo más valioso de su actuación justamente las cosas que entonces se le echaron más en cara. Padeció errores de todo calibre, algunos de los cuales procuraré señalar, pero cuatro o cinco elementos de su política son, a mi juicio, lo más sustancioso que cabe espumar de un cuarto de siglo en la vida pública española.

El Sol, 18 de diciembre de 1925

II

POLÍTICA Y MAGIA

El pensamiento político ha de ser física y no magia. En la Meca está el sepulcro de Mahoma suspendido en el aire. Los mágicos dicen: he ahí un cuerpo que no está sostenido por nada. El físico, en cambio, se pregunta al punto qué fuerzas mantienen en suspensión, quieto en la atmósfera, aquel objeto grave. Éste es el sentido del pensar físico: comprender que toda realidad, móvil o quieta, es siempre el resultado de fuerzas determinadas. La magia, por el contrario, no echa de menos las fuerzas y cree que las cosas pueden existir sin necesidad de ellas, gratuitamente.

Así la mayor parte de la gente cree que el Estado o conjunto de las instituciones se puede mantener en pie y funcionar, siempre que no sobrevengan fuerzas extrañas que lo embistan o entorpezcan. Éstas serían las fuerzas revolucionarias. Sobre todo, el temperamento conservador, que es muy suspicaz para todo lo que parezca una acometida contra el Estado, no se preocupa de mirar si el Estado se ha quedado exento de fuerzas sociales que lo nutran y sostengan. Le parece natural que por sí mismo, mágicamente, siga en pie. Y, sin embargo, es de Perogrullo que esto no puede acontecer. Las instituciones existen en la medida que haya dinamismo de vida pública bajo ellas. Así sean las más perfectas imaginables, se paralizarán y morirán si en el país no existen energías sociales de carácter público.

Ahora bien: la Restauración fue —el monumento del Retiro lo dice— la «pacificación». ¡Voluptuosa palabra que resuena desde los collados de Belén! Pero todas las palabras del diccionario son equívocas y ésta también. Al decir «¡Paz!», acuden los hombres de buena voluntad, pero también se sienten aludidos los muertos. Hay una paz mortal o poco menos, y ésta fue la de la Restauración. Se procuró, ante todo, evitar conflictos, y para ello desinteresar de la vida pública a los españoles, que de suyo procuran excusarla. En 1902 no encontraba Silvela el pulso a la Península.

Entre tanto las guerras del 98 habían mostrado el triste desmedro del cuerpo nacional y habían aumentado la postración. Todo estaba por hacer en nuestro país. Suena el vocablo «Regeneración». Pero, ¿cómo ejecutarlo?

En esta hora aparece Maura sobre el área política. Y es curioso advertir que llegando en el momento en que parecía urgente hacerlo todo —riqueza pública, instrucción pública, carreteras, ejército—, Maura no intenta en serio hacer nada de esto. (La única y relativa excepción fue la ley de la escuadra y obedeció a urgencias internacionales). En lugar de atacar estos problemas sustantivos, sale por peteneras. Comienza a atacar a los grupos políticos instalados en las tertulias madrileñas —los «corros». Sin necesidad ninguna se apresura a irritar a las izquierdas. ¿Es un reaccionario? Hoy resulta bien claro que fue todo lo contrario. De la ley sobre el terrorismo, hablaremos. Ello es que mientras denuesta a los radicales y pide suplicatorios contra los diputados, es el hombre que busca más el Parlamento y hasta hace obligatorio el voto. Se susurra que mantiene enérgicamente los fueros del poder legislativo y ejecutivo frente al moderador. ¿Cómo se explica todo esto? Yo no creo que haya habido ningún gran político que no presente una faz equívoca. La extrañeza llega al extremo cuando en aquella España exánime, sin tesoro, sin caminos, sin ejército, sin instrucción, este hombre «vesánico» —es la palabra que entonces preferían las cabezas de cartón— presenta un proyecto de Administración local. ¿No es esto el método de Ollendorf?

La solución del enigma no es difícil. Todo el mundo hablaba de que eran urgentes grandes reformas en España —Hacienda, Guerra, Fomento, Instrucción—, el programa de Costa, política hidráulica, etcétera. Sólo Maura comprendió que casi nadie quería, en serio, esas reformas hondas —como no las quiere todavía hoy—, y que aunque las quisiera alguien no se podían acometer. Para ello era condición imprescindible que las instituciones con que habían de intentarse tales innovaciones gozasen de algún prestigio y vigor. Antes de emprender reformas en España era menester la reforma de España, de la vida pública nacional. Una *mise au point* de las instituciones, sobre todo de la esencial: el Parlamento. Y lo que urgía reformar de éste no era tanto su ley, su esquema jurídico, sino su situación dinámica, su física. El Parlamento era un fantasma, un ente mágico —el sepulcro de Mahoma. No se apoyaba en fuerzas nacionales suficientes. Unos cuantos grupos profesionales lo mantenían en vilo, ocultos, mediante un truco de prestidigitador como el de la Meca. ¿Y se quería que ese Parlamento sin fuerzas en la nación actuase profundamente en la nación? Claro está que no se quería. Desde hacía muchos años no se gobernaba en España; por eso no se había echado de menos el cimiento social de la institución. El que hubiese querido poner en marcha la máquina habría descubierto el truco. El Parlamento parecía existir a condición de no funcionar, esto es: de no existir. Así se pueden presentar muy bien instituciones en el aire.

En tal coyuntura, lo que parece una cuestión adjetiva y meramente instrumental —suscitar fuerzas de vida pública cuyo dinamismo pueda aprovecharse para hacer marchar las instituciones— se convertía en la cuestión primaria y, en cierto modo, única. Hoy, creo yo, se empieza a ver esto con mayor claridad, se comienza a entender que sin corrientes enérgicas de vida pública no hay que pensar en proyecto alguno de gobernación —ni de derecha ni de izquierda. Hacen falta fuerzas que gobiernen, no Gobiernos de fuerza. Por una curiosa, pero irremediable paradoja, se recurre a Gobiernos de fuerza sólo cuando no hay fuerzas de gobierno.

Éstas fueron la mayor preocupación de Maura. Las fuerzas de gobierno son, por lo pronto, los partidos, las amplias agrupaciones organizadas y disciplinadas para la faena política. Pero estos partidos no se forman tampoco mágicamente. Es menester que millones de hombres se sientan forzados a intervenir de alguna manera en la vida pública; se interesen, se confíen, se apasionen, para poder extraer de ellos unos cientos de miles que se organicen en partidos vigorosos. Ahora bien, esto no se puede lograr si no se levanta presión en todos los ámbitos nacionales y no se dispone la existencia administrativa de villas, lugares y glebas en forma que cada cual se sienta impulsado a intervenir en la cosa pública según el radio de su órbita personal.

Maura intentó esta gran leva de fuerzas públicas por dos medios: uno inmediato, otro indirecto. De ambos, el segundo era el único bueno, profundo, certero, y aunque tímido, digno de su inspiración política: la reforma del régimen local.

El otro, el inmediato, revelaba un resto de magia en su espíritu ardiente, que a veces mostraba vislumbres caliginosas de orientalidad. Fue éste el llamamiento a las masas neutras. Creyó que por un conjuro, con unas cuantas voces ungidas, iba la masa neutra a dejar de serlo y tornarse potencia activa. Por recaer en la magia se quedó en el aire, y cayó en política. Le faltó paciencia y le sobró fuego, el fuego que tostaba su tez y daba a su rostro un aspecto cerámico, como de barro cocido en Andújar.

Pero de estos dos medios conviene hablar un poco más.

El Sol, 19 de diciembre de 1925

III

DESCUBRIMIENTO DE LAS PROVINCIAS

No se propone este ensayo la beatificación de don Antonio Maura. Séanos repugnante toda beatería, religiosa o laica, con sus derretimientos y untuosidades, su postura de ojos en blanco, su tozudez y su incapacidad de ver las cosas por los cuatro costados. En vez de beatificarlo se trata de aprovechar para los destinos nacionales la porción de genialidad que hubo en este hombre. Supo ver unas cuantas cosas que parecen las más importantes para una política interior de España. Y hay que salvar esas visiones destacándolas, aislándolas de los errores, excrecencias, concomitancias, y sobre todo de los aspavientos en que Maura abundaba casi tropicalmente. La sazón es inmejorable para que esos capitales teoremas políticos puedan ser entendidos de muchos y entonces se habrá ganado todo. En su hora, las visiones de Maura fueron más bien previsiones. Los hechos que las motivaron eran aún subterráneos. Hoy están en la superficie, a merced de todas las retinas; son, en rigor, la superficie misma. Son, por lo pronto, éstos: la catástrofe de las instituciones y la ausencia extrema de vida pública que llevó a aquélla e impide superarla. Nótese que los pesimistas de hace diez y siete años —y lo eran casi todos los parlamentarios— advertían ya la escasez de vida pública, pero no creían que fuese tan apurada, y sobre todo pensaban que, a pesar de ella, las instituciones podrían sostenerse, ya que no mejorar. «En España no pasa nunca nada» —era su fórmula. Los mejores, llenos de excelente intención, elucubraban sus proyectos de reformas «sustantivas» —Hacienda, Instrucción, Fomento. Con ellos en la mano se dirigían al país. Éste no daba señales de vida. Entonces dejaban caer los brazos, y con el gesto de aceptar una fatalidad decían o pensaban: «¡Es inútil! En España no es posible una política porque no hay fuerzas de opinión con que hacerla».

Aquí está el error de ellos, y lo que, al menos en principio, fue el acierto de Maura. La política no se define por contenidos determinados. Consiste simplemente en proponerse hacer lo que en un país hay que hacer. Si en España no se puede hacer nada o poco más, a causa de no haber fuerzas de vida pública, el político inspirado no duda un momento y comprende que lo que hay que hacer, el único contenido posible de la política, es precisamente crear esas fuerzas inexistentes.

Tal es el primer punto que conviene destacar y aislar en el pensamiento político de Maura. Abstraiga, por un momento, el lector de todo lo demás que en la figura y gestos de este hombre le sea menos simpático. Descienda al fondo insobornable de sí mismo, y pregúntese si no es utópico todo intento de reforma «material» en España mientras no se reforme la «forma» de nuestra vida pública, la situación dinámica del cuerpo ciudadano. Hoy no existe grupo alguno de opinión que tenga fuerza bastante para mandar cantar a un ciego. No se vislumbra quién, ni cómo, ni por qué va a gobernar mañana. Sólo se sabe que gobernará —mejor dicho, que parecerá gobernar— cualquiera, indiferentemente cualquiera, porque, sea quien sea, carecerá de asentamiento político en el país. De éste lo más que se puede sacar es un «no», activo o pasivo, contra todo el que gobierne más de quince días.

Se ha llegado, pues, de hecho, y no sólo como anticipación intuitiva, a un estado en que todos, radicales y conservadores, tienen un grave interés común: el de suspender toda otra política y dar prelación a este solo y único problema: ¿cómo es posible levantar presión de vida pública en España?

«Ausencia de ciudadanía», solía decir Maura, dando al problema una expresión que no me parece afortunada. Porque dicho así, toma el aire de una reconvención en que se inculpa al país, y esto es tan poco congruente como si el médico inculpase al enfermo porque le presenta un hígado en compota. Este tono de reprimenda escolar, iniciado por Maura, se ha hecho habitual en los últimos tiempos. Durante ellos yo —y supongo que los demás parejamente— no podía leer las declaraciones oficiales sin sentirme colegial de primero de latín, forzado a aguantar palmetazos de un dómine que me imponía dogmáticamente lo que debía o no pensar y me obligaba a aprender en la *Gaceta* si era yo chico bueno o malo. Es de esperar que se gaste pronto este *stock* de pedantería gubernamental y volvamos a formas de elocución política menos impertinentes.

Si no hay ciudadanía, por alguna causa será. Esta causa debe escrutar el político e imaginar los medios de extirparla.

Y aquí viene el segundo punto en que, a mi juicio, Maura supo ver la verdad, aunque menos claramente que en el primero.

¿Por qué no hay vida pública en España? La pregunta es tremenda y titularía un mamotreto. Pero reduzcamos su sentido a términos rigorosos y manejables.

Vida pública no es, sin más ni más, vida política. El vecino de un pueblo a quien sus intereses egoístas o sus convicciones ideales —para el caso es igual— llevan a ayudar con su voto, deliberadamente y con cierta continuidad, a una política, ejerce actos de vida pública, pero no es por ello un político. Ni siquiera necesita estar adscrito a un partido, y no es forzoso que tenga «ideales». Basta con que, por unos u otros motivos, así sean los más privados, acostumbre a tomar resoluciones que desembocan en actos de vida pública, a preferir unos programas a otros, unos hombres públicos a otros. Este mínimum de vida pública es el necesario. La vida política, en cambio, supone que nos «dedicamos» a la vida pública, que hacemos de ella una de nuestras principales ocupaciones. Pero esto no es necesario ni exigible. Además no podrá existir vida política sino como condensación de mucha vida pública. El mínimun de ésta, antedicho, es lo que hay que pretender y suscitar.

Hubo un tiempo en que se pensó que España toda podía vivir políticamente de la vida pública que hubiese en Madrid. En algunas naciones, Francia por ejemplo, ha podido vivir la provincia durante un siglo de la espiritualidad de todo orden, incluso política, que irradiaba de la capital. En España fue sólo una ilusión. Madrid no cumplió, en ningún sentido —tampoco en el intelectual— su misión de capitalidad. Madrid ha fracasado. Yo lo siento mucho porque soy madrileño; pero creo que a fuer de buen madrileño debo aminorar el fracaso poniéndole el único remedio, que es... reconocerlo. Recuerdo haber escrito hace ya mucho tiempo que el dato de sociología política más importante en esta etapa española es haberse trasferido el centro de gravedad nacional de Madrid a provincias. Antes las provincias creían en Madrid, seguían dócilmente sus inspiraciones, vivían de la vida capital. Ahora han retirado su adhesión; pero, exentas aún de vida pública propia, resulta que hemos llegado al cero dinámico.

Ésta fue la segunda gran intuición de Maura. La fuerza de vida pública que falta y hay que suscitar sólo es posible en la provincia. Para ello es preciso modificar la existencia provinciana. Con tal finalidad, Maura elabora su proyecto de Administración local. El propósito fue egregio —para mí el único importante, decisivo, que hoy cabe adoptar en España. Pero las líneas de su realización resultaron desdibujadas. Maura diagnosticó mal los defectos de la vida provincial. ¿Por qué?

La respuesta equivale a contestar esta otra pregunta sobremanera actual: dadas las provincias españolas, ¿cómo es posible despertar su vitalidad pública? Con ello arribaremos al tercer ingrediente de la mejor, de la única política.

El Sol, 22 de diciembre de 1925

IV

LA REFORMA LOCAL

En 1902 comienza Maura a exponer sus ideas sobre reforma de la Administración local. Durante doce años no cesará de combatir en su pro. La calidad de la inspiración política, la constancia, denuedo y convicción que puso en su servicio dan a esta empresa un rango aparte y único en la historia de la gobernación española durante los últimos treinta o cuarenta años. La ley de Administración local —o para ceñirme más a lo que pienso—, la idea que inspiró esa ley, proporciona a la figura de Maura una dimensión de gran político que no logro encontrar en ningún otro hombre de cuantos operaron públicamente en la misma época.

Todo lo demás que Maura ha hecho y sido en bien y en mal tiene que ser relegado a un plano secundario a fin de dejar solitaria, en su prócer rango, esta gran intuición del gran levantino. Y no es objeción contra el superlativo de este encomio el hecho de que sean aún muy pocos los dispuestos a hallarlo justificado. No serán las personas, sino las realidades y el tiempo que las trae al hombro, quienes aportarán el asentimiento.

Porque no es cosa fácil hallar en nuestra tierra gentes resueltas a enfrontar un tema, sea el que sea, artístico o científico, religioso o político, con el esfuerzo de la reflexión. Se prefiere juzgar por impresión. Pero la impresión es sólo la reacción intelectual ante lo que se ve, ante la apariencia. Con ella no es posible abordar ninguna verdad repuesta y de trastierra, cuya pesquisa requiere precisamente desasirse de lo aparente, negar su importancia y poner la proa a ultranza.

Nos hallamos al comienzo de una serie penosa de vicisitudes políticas. Cada jornada traerá su cambio, cruento o manso, pero siempre estéril o al menos sin otra fertilidad que hacer patente un nuevo error al querer ensayarlo. Será preciso que agotemos el capital de posibles equivocaciones para que un buen día nos encontremos ante el cuerpo de la verdad, tiritando de puro desnudo. Unos dirán que en España hace falta libertad, y tienen tanta razón que resulta demasiada. Porque, de cierto, nadie que cuente duda de ello en serio: la duda comienza al preguntarnos cómo España puede tener, en serio, libertad. Otros dirán que lo urgente es autoridad, y tampoco les falta razón. Pero la autoridad no se manda hacer ni consiste en que un Gobierno se titule de fuerza y haga desde la *Gaceta* ostentación de sus bíceps, como un Hércules de feria. Se olvida que libertad y autoridad son resultados de la vida pública existente en un país, y, además, son recíprocas. Sólo un Gobierno que goce de autoridad puede, en serio, darse el lujo de ser liberal, y sólo un Gobierno liberal, es decir, fundado en la libre y fervorosa aquiescencia de muchos ciudadanos, emitirá ese influjo irradiante que es la autoridad. Si mañana sobreviene un Gobierno que se titule liberal, pero que no sea, por otras razones diferentes de la libertad, respetable, no podrá menos de suspender las libertades para sostenerse una semana. Libertad y autoridad son resultados; quererlos no es buscarlos a ellos, sino a sus ingredientes y factores, que suelen ser distintos del producto.

Maura, que quería ambas cosas —libertad y autoridad—, se esforzó en crear sus condiciones. Vio a su modo y en la perspectiva impuesta por su hora, la sencilla y radical verdad: cincuenta años de experimento han demostrado con superabundancia que la estructura política y administrativa en que se halla organizado el cuerpo español impiden todo desarrollo de vida pública. Instituciones, formas de gobierno, justicia, fomento económico, cuanto se intente y ambicione, serán espectros, fantasmas y penas de amor perdidas mientras no se disloque la estructura actual y se dé al cuerpo público de España otra anatomía. Y esta otra anatomía no puede, claro está, ser cualquiera, sino que ha de inventarse, como se inventa una máquina, partiendo de la finalidad que se pretende. En nuestro caso esta finalidad —común a radicales y conservadores, por ser condición para las políticas de unos y otros— sólo puede consistir en la suscitación de fuertes energías de vida pública. Esto se proponía Maura con su famoso proyecto de ley. «Si yo anhelo —decía— la reforma del régimen local, es porque entiendo que es la base primaria, única, del remedio de muchos males públicos, desde el más bajo al más alto; porque entiendo que en ella está una grandísima parte de la esencia de las mejoras demandadas por el país y luego el supuesto necesario para otras muchas mejoras que no se pueden someter al Parlamento sino después que ésta se haya establecido». ¿Y por qué considera de tal suerte previa esta reforma? ¿Qué realidad primaria aspira a lograr con esta primaria innovación? «En adelante —es decir, después de la reforma— acontecerán dos cosas trascendentales: la una que el Ayuntamiento ya no podrá ser lo que es hoy para la lucha política de los partidos, y éstos tendrán que buscar su fuerza en la voluntad popular, y la otra que los dominadores y azotes de los pueblos quedarán entregados a la venganza patente y eficaz de sus convecinos, mientras que ahora es absolutamente imposible que un vecindario se subleve contra un cacique, porque detrás del cacique estamos todos, aun los que los detestamos».

Este último párrafo muestra con sobrada claridad que el propósito principal de Maura al modelar la ley de Administración local no fue propiamente administrativo, sino político: quiere dar ocasión a que se produzcan vendavales de vida pública, y no se pueden leer las frases citadas sin que irrumpa en el escenario de la fantasía un motín municipal.

Hoy, pasados casi veinte años, sigue teniendo razón Maura: ésa es la cuestión primaria, la única. Tiene tanta razón en lo esencial que ha dejado de tenerla en lo accidental, que es el articulado de su ley. El tiempo, al correr, ha aclarado muchas cosas y ha preparado mejor los ánimos. Visto desde esta vertiente que mide un cuarto de siglo, el perfil de su reforma parece insuficiente y desdibujado.

El error de Maura fue un error de diagnóstico, y fue el mismo error que cometieron otros hombres buenos de su época: Costa, por ejemplo. (Al decir que es un error doy simplemente a entender que a mí me lo parece, lamentando no haber hallado aún manera de pensar con la testa del prójimo que opine de otro modo). Creyeron que si en España faltaba vida pública era porque la estorbaban y anulaban los políticos. Maura y Costa coinciden en la manía de atribuir todos los males al caciquismo. Ambos inician la campaña contra la política al uso, y el primero resume su reforma llamándola «el descuaje del caciquismo». Desde entonces todo son denuestos contra las pobres gentes que subían y bajaban en la noria del Poder, como humildes ludiones en el tubo de un gabinete de física. Al buen español le suele halagar que de sus defectos se eche la culpa a alguien, nominativamente, para poder hablar mal de él en el café, que es su operación más activa. Maura fue opimo en la invención de insultos dirigidos a los «políticos».

Pero he aquí un ejemplo de la ventaja que reporta llevar a la práctica ideas falsas. Cien mil discursos y otros cien mil artículos —yo he escrito algunos de los cien mil— no hubieran logrado convencer a nuestros compatriotas de que los «políticos» no eran la causa de los males nacionales, sino que eran tan sólo su expresión y su símbolo.

La casi totalidad del proyecto de Maura está dedicado a libertar los Ayuntamientos de la presión que sobre ellos ejerce el caciquismo de los ministros de la Gobernación. Punto por punto sigue su reforma las articulaciones del sistema electoral vigente entonces, y las va descoyuntando. En este sentido cabe decir que es una reforma negativa, como es negativo su feo vocablo onomástico —el «descuaje». Sería injusto olvidar la fecha y la atmósfera pública en que el proyecto fue presentado. Acaso no era posible hacer más. En los discursos de su autor relampaguea a veces una concepción más amplia, más completa. Sea de ello lo que quiera, parece forzoso reconocer que aquella ley, reproducida hoy, tendría un aspecto arcaico. Es menester, sin duda, libertar de los ministros de Madrid la existencia local; pero no basta con esto. Hay que hacer más, mucho más. La dislocación del viejo cuerpo anquilosado tiene que ser más radical. Maura lo espera todo del átomo municipal, habla poco de la provincia y con extremada timidez de la región. En aquellos días fue una audacia esto que es hoy una gloria para el audaz. Sin embargo, al cabo de los años y las andanzas empieza a entreverse que la salud estaría en poner boca abajo el proyecto de Maura, y seguir un orden inverso: primero, la región; luego, la provincia, y al cabo, el municipio. El mayor elogio que de su idea inspiradora cabe hacer es que su verdad, como veremos, no depende del articulado, de la letra, influidos por la ocasión y prisioneros de la oportunidad.

El Sol, 31 de diciembre de 1925

V

AUTONOMÍA, DESCENTRALIZACIÓN

¿Cómo es posible despertar energías de vida pública en la existencia provincial española?

El medio que Maura propuso consiste en dotar al Municipio de la mayor autonomía, es decir, hacerlo en su tráfago local independiente del Poder central. Yo sostengo que con esto no basta ni mucho menos, y quisiera formular sencillamente las razones que nutren mi convicción. El tema es sobremanera inameno, pero dudo que exista otro de más honda importancia y que demande con mayor urgencia la meditación de los capaces. Por otra parte, ¿cabe homenaje más adecuado que revivir junto a la tumba reciente los problemas que más ocuparon al fenecido?

Imaginemos el caso más favorable: el proyecto de Maura convertido en ley, y su articulado funcionando conforme al deseo de su autor. ¿Qué se habría logrado? Evitar los trastornos que en los Municipios causa la ciega y violenta intervención del Poder central. ¿Eran éstos tan grandes? Hay un lugar en los discursos de Maura que siempre me ha sorprendido. Con grandes ademanes de espanto hace constar que los retrasos financieros de los Municipios españoles ascienden —ascendían— a «unos doscientos ochenta millones de atrasos y embrollos, fruto de toda la podredumbre administrativo-caciquil que servía de entraña al régimen actual». ¿Eso era todo? ¿Con doscientos millones se podría tapar el agujero de la desdicha nacional? La incongruencia entre el tamaño de la cifra y la importancia que Maura le atribuye hace sospechar que se trata de una concepción errónea, cuyo defecto de evidencia se procura compensar con patetismo. Dato semejante provoca en uno la convicción opuesta. Si los Ayuntamientos de la Península sólo tienen trampas por valor de doscientos ochenta millones, su situación es muy tolerable, y no hay por qué apresurarse a legislar sobre ellos.

Pero sigamos imaginando. Estamos en un pueblo de Castilla, solitario en medio de sus largas glebas pardas. Con la ley de Maura hemos logrado evitar las canalladas que el cacique sólo puede perpetrar en connivencia con el ministro de la Gobernación. Pero no exageremos: esos crímenes son pocos. Quedan todos los demás que la existencia angosta y mísera de este pueblecito, de estas vegas sitibundas engendran. Generosa con el recuerdo de Maura, nuestra imaginación suprime también estos crímenes de simiente local. Queremos pintar una situación ideal. ¿Qué hemos logrado con ella para los efectos de la gran vida pública española?

Vive, a la postre, la nación en sus grandes instituciones, sobre todo en el Parlamento. Hemos purificado el Ayuntamiento del villorrio, pero le hemos dejado solo, y, por lo tanto, tal cual es. Debíamos hacer una lista de las preocupaciones, de los temas que se alojan en las almas de sus vecinos —grupo de Robinsones adscritos a su isla municipal, prisionera en el oleaje de los surcos—: son la cosecha, el camino que pasa por el término, la credencial de peatón, las contribuciones. Todo lo demás que acontece más allá del otero, por un lado, del barranco o encinar, por el otro, adquiere un aspecto vago, confuso, irreal. Sólo dos o tres personas —el secretario, el alcalde— van de cuando en cuando a la capital de la provincia, a rendir cuentas, a consultar una orden. La política nacional que se hace en Madrid —leyes financieras, constitución, cambios de régimen— suena como rumor de un lejano planeta que ni se oye, ni menos se entiende bien. Y, sin embargo, cada dos, cada tres, cada cinco años se pide al pueblo un diputado para que tome parte en las discusiones parlamentarias y decida, no sobre la cosecha, el caminito, el peatón, sino sobre los «derechos del hombre», el Tratado de comercio con Turquía, el bloqueo continental, la guerra cósmica... ¿No es esto absurdo, monstruoso? En comparación con lo absurdo, con lo monstruoso de este *uso*, ¿qué importancia tienen todos esos *abusos*, cuya existencia se quiere presentar como causa de que España «no marche»? ¡Cuántas veces he escrito esto: «Amigos, no los abusos, sino los usos son lo malo de nuestra existencia nacional! ¡Renunciad a ese feo instinto de esbirros, de policías que persiguen el abuso para gozarse en agarrar algún culpable, y no atienden al defecto impersonal de los usos, de los malos usos!» Pero inútil. Se quieren «responsabilidades», se busca carne bajo las uñas; hace siglos era el judío de la judería o el morisco de la morería; ayer, el cacique; luego, el «viejo político», mañana...

Y, en tanto, permanece intacto el absurdo. Un diputado que va a decidir sobre los grandes problemas nacionales es elegido —sin más aparato intermediario— por este puebleci-

to de glebas pedregosas, donde hay unos chopos temblo-
nes y unas ovejas hambrientas. ¡Y se pretende que de esa
«vida pública» municipal —repito, sin más intermediario—
se espume la necesaria para henchir el enorme velamen del
Parlamento nacional! Mas la realidad se impondrá. El pueblecito dará su tirón de la moral insólita del diputado que,
para asegurar el distrito, enviará al diablo la nación con tal
de nombrar unos peatones y construir los baches de una
carretera.

Nótese que la incongruencia es doble. Porque ni el pulso
local puede acertar con los grandes problemas relativamente abstractos de la nación, ni, viceversa, el Parlamento madrileño puede entender con fervor y precisión en los menudos
temas locales. Maura se preocupó demasiado exclusivamente
de corregir esta última dimensión del absurdo, pero dejó en
vigor la otra, que es la más grave.

Es preciso, sin duda, libertar de Madrid al Municipio,
pero no para dejarlo solo. Material y moralmente su volumen es demasiado reducido para que en él se susciten corrientes de vida pública, aspiraciones, depuraciones. De
hecho está hoy cada Ayuntamiento de España atado, enca-
denado a la bola de la Puerta del Sol. Se ha dado a España
una estructura radiada, que es la más simple (recuérdese la
organización de los animales inferiores). Un centro y radios
que de él emanan. Rompamos éstos, pero atemos a los
Municipios unos con otros para que formen grandes incor-
poraciones, respetables por su mismo talle. Maura lo entre-
vió, pero no se atrevió. Hoy es sazón de mayor madurez.

La autonomía municipal es una abstracción y, por lo
mismo, no podemos quedarnos en ella. El pensamiento fa-
brica abstracciones; es su menester. Para comprender separa,

aísla, analiza. Pero si toma su obra prima, su *mentefactura* inicial como si fuese la realidad misma, lo echa a perder todo. En vez de esto, debe —concluido el análisis, sueltas las piezas— reconstruir la máquina, y con sus abstracciones restaurar la maravilla de lo concreto.

La cosecha de este otro pueblo cordobés no depende de las condiciones de su término municipal. En él crece el árbol de bronce que da la oliva bética. Pero donde el pueblo termina no termina el olivo. Los troncos retorcidos brincan más allá de la línea municipal, y se extienden por toda una enorme comarca llevando con ellos cierta identidad de condiciones vitales, intereses comunes, posibilidades colectivas de gran tamaño. El pueblecito aislado ni siquiera puede llegar a una conciencia clara de los problemas políticos que el olivo plantea. No hablemos de que pudiera atacarlos y darles cima. Así acontece que no se ha logrado extraer del olivo más que aceite, pero no la energía de vida pública que en él reside. Y lo mismo acontece con el resto de la producción española, que sigue políticamente inactiva. Sólo Bilbao y Barcelona han trasportado a la mecánica pública algo de sus potencias económicas.

La producción es sólo un ejemplo de las muchas realidades sociales que son susceptibles de desarrollar vida pública y convertirse en fuerzas políticas que sostengan vigorosamente un sistema de sustituciones.

En vez de aislar el Municipio oblíguesele a fundirse jurídicamente con toda una comarca, a depender de ella y actuar sobre ella. Frente a la masa gigante de la nación, el pueblecito no hace figura, no es nada, se siente incapaz y humillado. Frente a la masa menor, aunque respetable, de una comarca, el pueblecito será ya alguien. Vivirá entre sus pares, llamado a opinar, decidir, combatir sobre temas que existen claros en su repertorio vital o que, al menos, le son próximos. Confiando más en su figura comenzará a actuar, a intervenir, a apasionarse.

Las razones que inducen a este modo de pensar son innumerables, y las dadas son tan sólo las que el espacio me deja hoy insinuar. Pero, en resumen, la idea que propugno, puesta en cifra, sería ésta:

1.º No es posible vida pública en España si no se procura crearla en la existencia provincial.

2.º No es posible vida pública en la existencia provincial, sino en virtud de una extremada descentralización. Hasta aquí Maura.

3.º La descentralización es sólo una *conditio sine qua non* o negativa, a la que es preciso añadir otra positiva: la creación de cuerpos autónomos capaces de desarrollar fuertes corrientes de vitalidad pública.

4.º Los Municipios son entidades demasiado reducidas para que en ellos se susciten corrientes interiores —empresas, aspiraciones, luchas, organizaciones, etcétera.

5.º Es, pues, ineludible buscar entre el Estado —cuerpo demasiado grande y abstracto— y el Municipio —demasiado pequeño y no menos abstracto— un tipo de organismo intermedio que sea lanzado al agua de su propia responsabilidad para que se vea obligado a salir nadando. El mayor error sería creer que es preciso esperar a que él se forme espontáneamente. La grande obra política consiste precisamente en forzarle a nacer puesto que advertimos su necesidad.

6.º Como este tipo de organismo intermedio no puede ser tampoco la provincia, unidad demasiado arbitraria e insuficientemente amplia, sólo queda la «gran comarca», es decir, el principio anatómico de la región.

He aquí cómo se llega a la idea de autonomía regional, no por razones históricas, de pretérito sentimental, sino, al revés, por conveniencias de futuro. Al golpear el mármol se quiebra por sus vetas, que son como articulaciones preformadas en su materia compacta. Si damos un empellón a España, una forzosidad mecánica la hará articularse según el veteado de sus regiones. La máquina pública que queríamos inventar y sacarnos de la mente raciocinante resulta coincidir con una realidad profunda, diseñada espontáneamente por un destino sobrehumano en el cuerpo sagrado de España.

El Sol, 7 de enero de 1926

VI

LA AUTONOMÍA REGIONAL Y SUS RAZONES

Imagino una nueva anatomía de España: la Península organizada en grandes regiones. Cada una estaría gobernada por una Asamblea regional o Parlamento local, que nombraría sus magistraturas ejecutivas. La Asamblea se compondría de diputados elegidos por sufragio universal directo en los distritos actuales. A este Poder local se entregaría la resolución de todos los asuntos localizados en la existencia provincial. En manos del Poder central y su Parlamento nacional quedarían muy pocos asuntos; a saber: los problemas y funciones estrictamente nacionales, incluso el derecho de intervenir en las regiones cuando alguna de ellas padeciese una situación anómala. El Parlamento nacional se compondría de diputados elegidos en los Parlamentos regionales. El número de estos diputados sería muy reducido: noventa o cien.

He aquí un dibujo del cuerpo español perfectamente caprichoso y, por lo mismo, irritante. Todo capricho irrita, porque con él pretende el que escribe o el que habla inyectarnos su privada manía, y nos produce repugnancia recibir en nuestro organismo un humor personal ajeno. Cada cual adora su propio capricho y repele el del prójimo. Somos muy benévolos con nuestras secreciones, y nos causan asco las ajenas.

Pero capricho es toda idea para sustentar la cual no se dan razones. La razón libra a la idea de su tufo privado, la despersonaliza, y de un capricho hace un teorema que es lícito proponer a la consideración del prójimo.

Cualquier diseño de organización política, cualquiera constitución, tienen por sí mismos un aire de capricho, como lo tiene una máquina si nadie nos dice con qué fin está construida y cómo sus piezas cooperan en vista de aquella finalidad.

Yo quisiera acumular en el menor espacio posible las razones mayores que proporcionan, a mi juicio, un fértil sentido al anterior esquema de nueva anatomía española. Conviene recordar que una idea será tanto más verdadera cuanto mayor sea el número de problemas distintos y en apariencia heterogéneos que logre resolver. Así en Física se llama verdad a la hipótesis que, entre todas, explique sencillamente más fenómenos diversos.

Hay dos cosas primordiales que es forzoso conseguir en España, como supuesto de toda otra mejoría. Ambas cosas se imponen igualmente, y son del mismo modo previas para el radical y el conservador si quieren en serio realizar un día sus divergentes políticas. Una de ellas —de sobra encarecida en los artículos anteriores— es el aumento de la vitalidad pública de España, el desarrollo exasperado de su dinamismo político, sin el cual nada es real en un Estado. La otra cosa primaria es lograr que las grandes instituciones nacionales —Gobierno y Parlamento— recobren prestigio y dejen de ser la escena ruin o grotesca que solían.

Tomemos, sucesivamente, estas dos cosas como resultados que la mente se propone, y para cuya obtención apercibe los medios. Si mirando el anterior esquema a la luz de estas dos finalidades hallamos dos series de razones que convergen en su abono, creo yo que habrá perdido toda apariencia caprichosa y merecerá alguna atención de las personas reflexivas.

La autonomía regional en la forma insinuada al principio sería el único medio eficaz para suscitar vida pública por las razones siguientes:

1.ª La experiencia ha mostrado que es ilusorio querer despertar los nervios públicos de España mediante procedimientos directos, como son programas, llamamientos, propagandas orales o periodísticas, etcétera. El español medio, por unos u otros motivos que no es ocasión de describir, parece impermeable al vocabulario y hermético a la idea. Si se quiere que actúe públicamente no hay más remedio que obligarle a ello, y sólo cabe obligarle poniendo la solución del mayor número de los asuntos en manos del mayor número posible de ciudadanos. Ya que es remiso a prestar su apoyo para que otros los resuelvan, justo y pedagógico es que cargue él con la faena. Claro que esto sólo puede hacerse con los negocios que más próximamente le afectan, y en los cuales puede tener nociones acertadas. A temas locales, soluciones locales. En vez de un solo Gobierno enorme y abstracto, nueve o diez Gobiernos menores bajo él, con jurisdicción más concreta, que legislen sobre cuestiones próximas y más dominables.

2.ª Buena porción de ese abstencionismo político que practica el español no le es imputable. Los programas políticos le invitan a apasionarse por temas que no entiende, y, en cambio, no se le da ocasión para convertir en motivo de acción política el asunto, tal vez humilde, que verdaderamente le interesa. La vida pública tiene que comenzar por ser vida pública local, excitada por asuntos locales, con partidos locales que luchen por una victoria posible, y ésta sólo cabe si el órgano que ha de resolver en definitiva es también local.

3.ª Es preciso acercar todo lo posible el lugar de la sentencia al lugar de la delincuencia. Maura, con gran acierto, insistía mucho en esto. El ministro de la Gobernación está muy lejos del pueblo donde el cacique ha cometido el delito.

4.ª No hay otra manera de educar y hostigar la conciencia pública que hacerla responsable de sus actos. Esto se obtiene, en la medida posible, haciendo a la región responsable de sus propios problemas, en vez de inducirla inmoralmente a descargar toda la responsabilidad sobre un Poder lejano, ausente, como es el Poder central. De aquí que se haya habituado el pueblo español a ser un mero espectador de sus propias desdichas. Ante hecho tal no es suficiente que lo hagamos constar como un fenómeno de la Naturaleza, añadiendo, a lo sumo, que fuera deseable su modificación. No es sólo deseable que un pueblo abandone su actitud espectacular ante sus propios destinos, sino que es exigible, porque ello constituye una gran vileza. Nuestra generación está obligada a hacerle salir de ese envilecimiento, usando, si es preciso, de cierta violencia jurídica. Yo veo en la autoridad regional una forma de esta violencia jurídica porque con ella enseñamos a nadar al pueblo español echándolo al agua. Tutela pedía Costa. Todo lo contrario: ¡al agua, al agua! —que bracee con sus propios brazos en el líquido elemento de la historia. Es lo que hacen los padres y tutores discretos con sus hijos o pupilos.

5.ª Vida pública no consiste sólo en que las masas se interesen por los negocios públicos; necesita otro ingrediente de suma importancia: que de la masa se destaquen figuras directoras, minorías bien dotadas para conducir, espiritualizar y organizar aquélla, y que, al propio tiempo, sean capaces de resolver los asuntos y sentir una superior responsabilidad. España no sólo padece ausencia de la masa en la vida pública, sino de gentes aptas para dirigir el país. Faltan hombres de primera clase porque no se les da ocasión de hacerse tales. El centralismo ha hecho de España un cuerpo con una sola cabeza —Madrid— y ha dejado decapitadas las provincias. No sólo en el sentido político, sino en el orden intelectual y moral. Si la cabeza madrileña hubiera resultado suficiente, aún habría podido la nación marchar a fuerza de irradiación desde el centro a la periferia. Pero no ha acaecido esto. Madrid no posee ni mucho menos alma bastante para inyectarla en los campos peninsulares, en las ciudades y villas. La casi totalidad de España vive una existencia moral e intelectualmente sórdida, chabacana, exenta de vibraciones y ejemplos impulsores. La autonomía regional traería consigo la multiplicación de la capitalidad. Tallaría en el plasma nacional varios organismos enteros, con su corazón y su cerebro, su selección de minorías egregias y el refinamiento consiguiente de todas las potencias espirituales que harían la existencia local más rica, más llena de afanes hacia un tipo superior de sociedad española.

6.ª Que la provincia sea lo menos provincia y lo más capital posible: esto es lo que importa conseguir. Padecemos de un ruralismo, de un aldeanismo superlativos, que es preciso contrarrestar con esta multiplicación de capitalidades. Es preciso crear nueve o diez centros vigorosos que exciten la vida comarcana, capaces por la extensión de tierras y hombres que representan de sentir el orgullo de sí mismos y acometer empresas de gran envergadura.

He aquí una primera serie de razones. Veamos ahora la que resulta partiendo de la otra gran cuestión: la necesidad de que las instituciones nacionales —Gobierno y Parlamento— gocen del prestigio imprescindible.

El Sol, 10 de enero de 1926

[Maura y la diversidad de España]

Había querido este otoño proponer a los lectores, como punto de meditación, cierto esquema de organización regional de España. La reciente ausencia de don Antonio Maura me invitaba a amparar el propósito con la tradición de su nombre. Distante en la vida de su persona creía obligado rendirle este homenaje al tiempo de su asunción en la esfera de la historia. Los escritores hemos sido injustos con don Antonio Maura porque hemos sido apasionados y partidistas, dos cosas que el escritor debe evitar ser. Preocupados de halagar a nuestro contorno habitual y más próximo, somos desleales con nuestra magnífica misión de esclarecedores. Y así, acontecimientos y figuras de España se volatilizan sin haber sido antes cristalizadas en ideas exactas y radiantes.

La serie de artículos «Maura o la política» quedó interrumpida por una indisposición más larga que aguda. Más de una vez me ha acontecido esto con mis trabajos y compromisos. Yo sé que, merced a ello, pesa irremediablemente sobre mí la acusación de ser inconstante y voluble como la onda. Se olvida o se ignora que el escritor tiene una salud que, a veces, le falta. Sería deseable que la nueva generación se asegurase escritores con nervios de bronce. Los míos son de materia tan endeble y desdichada que con atroz frecuencia me niegan su servicio y dejan derrumbarse mi persona.

Pero ahora es primavera, domina el imperio de lo azul y el viento entre fragancias trae promesas de salud. ¿Por qué no intentar de nuevo la empresa que una vez falló? La idea de una organización regional de España es, a mi juicio, más honda y más fértil de lo que suelen creer lo mismo sus enemigos que sus partidarios. Yo insisto todavía en advertir que todavía no se la ha mirado cara a cara. Hasta hora sus epifanías han servido más bien para desvirtuarla. Alguna región ibérica la ha proclamado con un gesto particularista, siendo así que el regionalismo, más que ninguna otra idea, postula una integración nacional sobre la cual, como sobre un fondo, dibujan las regiones su perfil diferente. Comparada con él la misma idea centralista contiene un grave resto de particularismo que suele ser el del centro contra la periferia territorial o, cuando menos, el particularismo del todo abstracto. *Nación* contra sus partes concretas. Adviértase que decir, sin más, *todo*, es correr el riesgo de olvidar la muchedumbre y variedad que lo integra, como al decir galanamente *el mundo* no solemos tener en la mente las cosas todas grandes y pequeñas que lo componen. Cuántas veces la noble urgencia de gritar «¡España!» nos llevó a vaciar el vocablo de su riqueza interior y a no tener en la mente al pronunciarlo otra cosa que la fachada del Ministerio de la Gobernación.

Dislocación y restauración de España

I

INTRODUCCIÓN CASI LÍRICA

Recuerdo haber escrito antes de concluir la guerra grande, que tras ella vendría, probablemente, una época sobremanera favorable a los pueblos menores. Henos en ella. Las naciones próceres arrastran un triste destino: su propia fortaleza actúa como freno histórico que las impide avanzar. A fuerza de discreción y de cautela se mantienen en un decoroso equilibrio hasta el punto de que el transeúnte poco perspicaz pensará que nada grave acaece en ellas. Como los elefantes después de muertos siguen un rato en pie, estas grandes naciones valetudinarias conservan cierto buen aire. Pero es a costa de demorar la solución sin solución de sus formidables problemas políticos, económicos y morales.

En cambio, los pueblos de menor velamen, más ligeros de ropa, han podido movilizarse más fácilmente, y caminan en avanzada. Es natural. En toda Europa, el Estado tipo siglo XIX se halla irremediablemente enfermo. Allí donde el Estado era más débil, el proceso de descomposición se ha acelerado, y así resulta que en política se encuentra hoy España más adelantada que Francia, Alemania e Inglaterra. Por vez primera desde hace siglos, ni debemos ni podemos tomar a otros pueblos como modelo. Tenemos que inventarnos nuestro propio futuro. *Hic, Rhodus, hic salta*. España está obligada a *fare da se*.

No quiere decir esto precisamente que la estación donde hemos llegado sea un lugar de delicias, meta óptima e imperio perfecto de la discreción. La situación presente tiene, según la voz de sus propios representantes oficiales, un carácter transitorio. La actitud más adecuada ante ella es la de ayudarla a pasar, acelerar su tránsito, como los postillones de las antiguas diligencias. Y a este propósito nada más útil que ir preparando la idea de una nueva política, de una nueva organización nacional. De nada sirve la quejumbre, y de muy poco la irritación. Ambas son operaciones de segunda clase en que el individuo renuncia a ser activo y se limita a reaccionar frente a los acontecimientos. Un poco más de entereza y elevada ambición debe llevarnos a prepararlos, a engendrarlos.

La coyuntura es inmejorable para intentar una gran restauración de España. El mundo ha vuelto a ponerse blando y se halla en punto para recibir nueva figura. ¿Por qué las generaciones del presente no han de reunirse en torno al propósito de construir una España ejemplar forjando una nación magnífica del pueblo decaído y chabacano que nos fue legado? ¡Jóvenes, vamos a ello! ¡Formad vuestros equipos! Alegremente, con gentil paso de olimpíada. Vamos a intentar una nueva forma de vida española más grácil, más enérgica, más elegante, más histórica. Sintamos el orgulloso afán de reingresar en la historia, de poner la mano sobre ella y crear destino. Es el momento propicio. Nunca he creído que el hombre tenga un poder ilimitado y le sea lícito, con sólo querer, hacer su voluntad. Tal creencia es utópica, ilusoria y nada viril. No se puede lo que se quiere —terquedad femenina—, hay que querer lo que se puede. Inclinarse en la hora adversa, pero también aprovechar prestamente la ocasión favorable. Esto es lo único —y ya es bastante— permitido al hombre: embarcarse con resolución en la circunstancia y diestramente captar el viento en la vela. Porque los griegos hacían un Dios del *kairós*, el momento oportuno. Ha llegado para España la buena sazón. ¡Veremos si sabéis aprovecharla, jóvenes! ¡Alerta, formad vuestros equipos!

Pero nada de creer que es cosa fácil —¡hacer una nación ejemplar! Nada de optimismos ridículos, nutridos de bobería. La tarea de restaurar España de verdad y en serio es muy difícil, y no se logra ciertamente repitiendo media docena de tópicos subalternos. Todo lo contrario hace falta. Es preciso poner «en forma» a la raza entera. Obtener de cada español un máximum de rendimiento, en calidad más aún que en cantidad. Ante todo hay que apretar bien las cabezas —lo que ha solido funcionar peor en España. Hay que partir de un sistema de ideas claras, agudas y complejas.

La restauración de España tiene que comenzar por una reorganización del Estado, que es el gran aparato mediante el cual se puede operar sobre un pueblo, pero no se logrará sólo con ella. La faena es mucho más honda y vasta. Junto a la reforma política tiene que caminar la reforma de la sociedad, de las formas privadas de la vida. Con un pueblo de gentes chabacanas, dominadas por costumbres y sentimientos *petit-bourgeois*, no se puede hacer nada. El pequeño burgués es el que impide hacer historia porque su ambición se reduce a que un día sea lo más igual posible al otro. Su única voluptuosidad es lo cotidiano. La batalla por una España «en forma» tiene que ser dada íntegramente, en todas las zonas, en todos los pisos de la existencia nacional. En lo grande y en lo ínfimo. La vida no se trasforma si no se trasforma toda. Es preciso instaurar un nuevo Estado, pero también modificar las costumbres. Lo uno no va sin lo otro. El estilo del vivir tiene que elevarse por entero. Necesitamos jóvenes instituciones dotadas de intacto prestigio; pero, a la vez, conviene que desaparezcan las camillas y las zapatillas de orillo, que se afeiten a diario los canónigos de los cabildos y no den chasquidos con la lengua los viajantes de comercio cuando comen en las fonditas horripilantes de provincia. ¡Alalí, Alalí jóvenes; dad caza al pequeño burgués! Él es el lastre fatal que impide la ascensión de España en la Historia.

Pero si todo es importante, no lo es en la misma medida. Vayamos alegremente, pero con seriedad. No hay contradicción. Seriedad no es lo que suele decirse. Seriedad, como el vocablo indica, es sencillamente la virtud de poner las cosas en serie, en orden, dando a cada problema su rango y dignidad. Ahora el mayor es la restauración del Estado. Trabajemos en él cada cual con su instrumental y su oficio. El mío es de los más modestos y abstrusos: el de meditador. Años y años he meditado sobre las cosas de mi país —en la plazuela provincial, en el soto, en el caminito polvoriento, en el valle, en el páramo, en el risco—, y se ha ido formando dentro de mí, como por generación espontánea, el perfil de una nueva anatomía española, un sistema de instituciones rigurosamente acomodadas a la realidad nacional. Más de una vez he delineado ese perfil en estas páginas de *El Sol*. Permítaseme insistir nuevamente. Cuando menos, servirá mi trabajo para atraer la atención sobre estas cuestiones tan urgentes como decisivas.

El Sol, 14 de julio de 1926

II

CONDICIONES

Al esquema de nuevas instituciones que voy a delinear conviene anteponer una advertencia. Las instituciones son máquinas jurídicas que se inventan, establecen y conservan con el mismo fin que las otras máquinas, a saber: la obtención de ciertos resultados que en el caso presente son de especie social. Una institución es acertada cuando rinde el efecto sociológico que se pretendía.

Ahora bien: todo el que se ponga a pensar hoy sobre las formas de un nuevo Estado español tropezará con dos grandes finalidades cuya obtención urge lo indecible, y es, a la vez, supuesto para cualquier otro propósito. La primera consiste en la necesidad de atraer sobre los grandes institutos públicos suficiente prestigio. Un Estado sin prestigio ante los ciudadanos significa la anarquía mansa o frenética.

Ni la fuerza, ni la acumulación de poderes anormales, ni nada, pueden, en serio, sustituir al prestigio, maravillosa energía de efectos automáticos que da asiento a la sociedad.

La segunda finalidad es impuesta por las peculiares condiciones de nuestro pueblo. España padece una inercia superlativa para todo lo que se refiere a la vida pública y una falta grande de tensión en sus otras actuaciones sociales. La mayor parte de la Península no ha entrado aún en operación de vida pública. Vive al margen de su propio destino, sin intervenir en él y dando ocasión a morbos políticos —como el llamado caciquismo— que estorban en sus movimientos a las porciones un poco más activas y capaces del país. Es preciso, pues, que las nuevas instituciones corrijan esa inercia, exciten a la masa nacional y fomenten un nuevo tipo de hombre español más actuoso y enérgico, más emprendedor y responsable.

Como se verá, ambas finalidades se compenetran y no parece verosímil que se pueda lograr la una sin conseguir también la otra. Yo creo que el Gobierno debiera preocuparse gravemente de esta depresión que padece un país como el nuestro, tan propenso de suyo a tumbarse a la bartola. Vienen tiempos enormemente difíciles sobre Europa y necesitamos contar con un pueblo bien alerta, entrenado, ágil, capaz de rendir en caso dado un gigante y presto esfuerzo.

El inventor de instituciones, que vendría a ser como un ingeniero político, tiene, pues, que mantener siempre a la vista estas dos grandes aspiraciones. Pero, además, necesita precisar bien la materia con que cuenta —es decir, lo que hoy es la sociedad española y lo que hoy es la sensibilidad política en toda Europa. Cosas que en Francia o Inglaterra no tendrían sentido o lo tendrían escaso, aquí son de máxima importancia. Asimismo, instituciones posibles hace un siglo o diez no son hoy viables. Hace un siglo se podía pensar en instituciones de pura democracia o de puro liberalismo: hoy no. Pero viceversa, quien huyendo de ellas imagine que es posible el absolutismo, sospecho que yerra también. Éste es el punto más delicado de todos. Es forzoso acertar el diagnóstico de la sensibilidad política latente hoy en el alma europea, y especialmente española. ¿Es ésta aún democrática? ¿Es como algunos, un poco atropellados, afirman, resueltamente antidemocrática? Descienda cada cual a su fondo insobornable y hallará que la verdad no es ni lo uno ni lo otro. El alma europea viene de una etapa en que lo ha esperado todo de la democracia. Fue ésta un ideal. Hoy está desengañada, pero —si se piensa lealmente y se evita quedarse en términos vagos e irresolutos— ¿hay quien crea de verdad que el principio democrático quedará total y absolutamente arrumbado? No discuto ahora el tema ni menos lo resuelvo. Sólo deslizo, como una posibilidad, la sospecha de que si el europeo no ve ya en la democracia un ideal, empieza a sentir que algo en ella es ineluctable necesidad. Antes parecía el sumo bien, ahora se presenta como el mal menor. El signo ha cambiado por completo. Consecuentemente, si cuando era un ideal se pedía un máximum de democracia, hoy que es sólo una necesidad, una condición ineludible de nuestra época, debe quedar reducido a un mínimum. Pero este mínimum es inevitable. Se puede prescindir de él un rato, al amparo de circunstancias anómalas, como se puede suspender el aliento unos minutos; pero a la larga habrá que abrir la boca y recaer en un asiento democrático del Estado. No vale divagar. ¿Qué fuerza social exclusiva puede hoy sostener en peso la totalidad de un Estado? Cabe el bolchevismo, cabe el fascismo. Bolchevismo y fascismo suponen cierta neurosis étnica. Sobre todo no está ni dicho ni probado que sean las mejores soluciones posibles.

Pronto o tarde, Rusia e Italia volverán a la mesura tras su angustioso rodeo, y sería preferible comenzar por donde ellas acaben. Éste es, en mi entender, el papel de España: hallar la feliz solución que los demás no han encontrado. Por eso hay que partir de la situación concreta de nuestra nación, evitando de un lado las imitaciones, de otro las utopías. La utopía es la política de Onán.

Como con la democracia acontece con el liberalismo. La opinión dominante hoy ¿es liberal?, ¿es antiliberal? Frente a la libertad cabe adoptar tres actitudes distintas. Cabe decir una de estas tres cosas:

> Libertad ante todo,
> Todo menos libertad,
> Libertad y todo.

Los dos lemas primeros son característicos del siglo XIX. Uno frente a otro han luchado tenazmente, con una testarudez ejemplar. Precisamente de esa lucha nos hemos cansado. Nos parece un combate geométrico de dos definiciones imposibles. No hay cosa en el mundo que aislada se justifique. Los liberales de oficio no se ocupaban más que de la libertad y desatendían el resto de las condiciones de gobernación. Menos mal en razas saturadas de sentido práctico, de afanes interesados, como la inglesa. La propensión nativa corregía el error de su fe política. En España, el liberalismo degeneró pronto en una actitud formalista y

torpe que daba siempre en el detalle razón a los reaccionarios. Recuérdese la falta de eficacia gubernamental ante los
atentados de Barcelona. A fuerza de liberalismo se permitió la caza del hombre en la gran ciudad. La antítesis tenía
que venir; pero dudo mucho que exista hoy nadie sinceramente antiliberal. Lo será, a lo sumo, una temporada; la
que tarde el Poder público en extirparle a él las libertades.
Mientras se trate del prójimo no siente la amputación.

Pero es innegable que, salvo reducidos grupos de temple
anticuario, el liberalismo ha dejado también de ser un
ideal. Se ha volatilizado aquella fe loca que esperaba de él
la beatitud. El uso de las libertades nos ha enseñado su auténtico valor, que no es, ni mucho menos, despreciable,
pero tampoco la mágica potencia antes imaginada. No se
puede vivir sin libertad, pero tampoco se puede vivir de libertad. Ahí está: para vivir hacen falta muchas cosas y es
preciso que la libertad se haga maleable a fin de poder
coexistir con ellas. Libertad y todo.

Miradas desde hoy, las políticas del siglo XIX ofrecen un
aspecto maniático, unidimensional. Cada una ve un solo
haz de la vida pública. El reaccionario tiene la manía del orden, como si éste fuese todo. El liberal, la manía de la libertad. La sensibilidad de nuestra hora parece dirigida por un
afán de integrar y no de excluir. En vez de «o lo uno o lo
otro», aspira a «lo uno y lo otro». Política de muchas dimensiones, cada una de las cuales regula y modera las demás.

Demócratas y liberales, antidemócratas y antiliberales son
fauna pretérita. Sólo en apariencia perduran los restos de
la lucha que entre esos títulos se reñía. En el fondo de la
conciencia normal la cuestión está resuelta precisamente
en el sentido de que democracia y libertad no son cosas so-

bre que quepa reñir ásperamente. Declarada o tácitamente, todo el mundo presiente que cierta dosis de ellas constituye el subsuelo de las sociedades europeas actuales. Por otra parte, nadie que no sea extemporáneo fanático rechaza las objeciones cien veces repetidas contra ellas. Por consiguiente, no ofrecen área para la contienda. El cuánto de democracia y libertad tiene que determinarse en vista de las demás necesidades del Estado y no descolgándose de principios abstractos. El mayor error del siglo pasado fue creer que la política es cuestión de principios, cuando es sólo cuestión de tanteos. Los llamados principios políticos eran sólo plataformas sobre las cuales ciertos hombres de mal gusto hacían grandes gestos de virtud, cuadros plásticos de heroísmo inoperante y escénico. El que no quería fatigarse más la cabeza se instalaba en un principio, se sumía bajo la enorme y rígida careta de una fórmula, como los «cabezudos» de la fiesta en Aragón.

El Sol, 17 de julio de 1926

Selección

Ya que no me sea posible continuar la serie de artículos titulados «Dislocación y Restauración de España», quisiera salvar algunas de sus incitaciones. Porque esto eran, solamente: estímulos hacia una vida pública de más fuerte pulso, más emprendedora y alegre. Creo firmemente en la posibilidad —nótese bien, en la posibilidad— de que España inicie ahora una nueva ascensión histórica. Creo firmemente que se podría en pocos años hacer de España, no el pueblo más rico ni el más sabio, pero sí el más sano —política y socialmente— de toda Europa.

Al decir que esto es posible no digo que sea fácil. Las circunstancias, sin las cuales ni un hombre ni un pueblo pueden hacer nada excelente, van cobrando el cariz más favorable. Pero esto no basta. No hay generación espontánea ni en biología ni en historia. Los padres son necesarios. Una nación para ascender sobre el horizonte histórico tiene que contar, al menos, con unas docenas de cabezas claras, capaces de acertar con una animosa disciplina ascensional que extraiga de cada ciudadano triple rendimiento del habitual. No hacen falta «genios», ni siquiera «intelectuales», pero ¡por Júpiter, cabezas claras sí! El gobernante que lleva bajo su mano el volante de conducir tiene en cada momento la impresión de que guiar un país es la cosa más sencilla del mundo. Lo mismo pasa a quien conduce un automóvil. Pero si esto acontece en cada momento aislado no ocurre lo mismo tomándolos en continuación y a la larga. Gobernar no es guiar un automóvil hecho por una carretera hecha. Ni un pueblo está hecho nunca ni mucho menos la vía histórica. Gobernar es hacer y rehacer, minuto tras minuto, el pueblo y la ruta. El mayor error de la antigua política fue precisamente olvidar esto. Creyeron que España era un aparato construido de una vez para siempre, el cual podían entretenerse en manejar. Por eso se desentendieron en absoluto de toda meditación sobre la realidad profunda –que es la social y no la política– de España. No es extraño que de toda esa generación de políticos no quede una sola idea aguda, sutil, precisa sobre lo que España era, había sido y podía ser. Sólo en los discursos de Maura se entrevé algún vago diagnóstico y, por lo menos, la convicción de que era menester traspasar la línea de lo puramente político y preocuparse de la estructura social de nuestro pueblo, del tipo de hombre dominante, etcétera. La última generación de políticos es un claro ejemplo del fracaso a que lleva en política la falta de ideas hondas sobre el país que se quiere gobernar. Ellos nos habituaron a creer que se puede gobernar sin más repertorio de pensamiento que los tópicos rojos o blancos cuotidianamente expectorados sobre las mesas de café.

Eso es ilusorio. Si se quiere de verdad una España mejor es preciso antes apretar muy bien los músculos frontales que sirven de simbólica tenaza corporal al intelecto. De otro modo, la hora favorable pasará sin provecho, irremediablemente, y nuestra raza, en vez de ascender, caerá en más grave inferioridad. Contra lo que se dice, España es más difícil de gobernar —en el sentido sustancioso de la palabra— que otros países, porque si bien es muy blanda al mando, su destino histórico y su organización íntima son más confusos, menos homogéneos que los de Francia, Inglaterra y Alemania. Véase si no en la enorme proyección de diez siglos la acentuada semejanza de las historias francesa, inglesa y alemana frente al destino heteróclito, discontinuo y catastrófico de España.

Implica, pues, una gigantesca responsabilidad para los hombres que hoy tienen la nación en su mano decidirse por una de las dos clases de hombres que hay en España: los habitados por tópicos ineptos y los que aspiran a nociones elevadas y claras sobre el sino de España. La historia depende siempre del tipo de hombre que se prefiera. Las instituciones son buenas o son malas, según lo sea el tipo de hombres que, por su forma misma, ellas fomenten y destaquen.

Un pueblo viejo e inerte como el nuestro necesita ensayar la compensación procurando orientarse hacia una figura de españoles dueños de mente alerta y grácil, exentos de todo arcaísmo, exquisitamente modernos, capaces de inventar instituciones, empresas, maneras, fórmulas. Hay que decidirse a soltar la vieja roña española y ponerla al día, en plena modernidad, eficiente y reluciente como un instrumento de dentista, o, si se quiere imagen más solemne, como un formidable motor de turbina.

Pasarán los años, y un día la conciencia pública, con el fiero automatismo que es su modo normal de funcionar, encontrará en sí misma formulados juicio y sentencia sobre los hombres que hoy gobiernan. Ese juicio y esa sentencia versarán, con unos u otros vocablos, sobre el punto esencial de que todo lo demás es pura consecuencia y corolario: «Mientras España estuvo en vuestras manos, ¿ejecutasteis con acierto y generosidad la gran selección de los mejores?» Porque la añeja, inveterada desdicha de España procede de que siempre, invariablemente, por lo rojo o por lo blanco, ha predominado la selección de los peores. Ahora bien, un pueblo, como una grey, es lo que haya sido su acción selectiva.

El Sol, 20 de agosto de 1926

El poder social

I

Por puro afán de llegar a ver claro, y, de paso, en beneficio del lector, a quien ciertos temas sutiles interesan, quisiera hoy intentar la definición de un fenómeno que vagamente he percibido toda mi vida, primero, con juvenil y utópica indignación; luego, más cuerdamente, con el ánimo sereno y complacido de un buen aficionado a la vida para el cual lo sugestivo del espectáculo es precisamente la combinación irremediable de sentido y contrasentido, de razón y de absurdo que en él reina.

Procuremos aproximarnos paso a paso al fenómeno de que se trata.

Un hombre de negocios crea una industria; el ingenioso producto de ella encuentra compradores, y el industrial se enriquece. El pintor que pinta un buen cuadro suscita en los aficionados al arte simpatía y admiración. El escritor

que logra dotar a su prosa de amenidad, evidencia, sutileza, atrae para ella un círculo de lectores que, agradecidos,
le dedican su estimación.

En estos tres casos vemos la acción de un hombre —industria, cuadro, obra literaria— produciendo ciertos efectos en su contorno social. Si a la capacidad de producir
efectos llamamos poder, diremos que estos tres hombres
poseen determinado poder. Hasta aquí nada reclama atención especial. Es natural que una acción produzca resultados
proporcionados.

Pero si comparamos dos escritores, uno de ellos de actitud independiente, el otro ligado a una inspiración partidista, notamos que el mismo esfuerzo realizado por ambos
trae consigo resultados diferentes. A la estimación congruente que a la obra de uno y otro corresponde se agrega
en el caso del escritor partidista una resonancia y eficiencia
que falta a la del otro. El partido toma la obra de su escritor
y, propagándola, comentándola, enalteciéndola, aumenta
enormemente sus efectos sociales; por tanto, su poder. El
escritor añade a su eficiencia propia y natural otra que no
viene de su esfuerzo, sino de la energía organizada que en
el partido reside. Esto nos obliga a distinguir entre el poder propio de una acción —y, reflejamente, de la persona
que la ejecuta— y el poder añadido que el grupo le proporciona.

Este poder que el grupo añade al poder propio de la persona es una reacción utilitaria motivada por los intereses
del grupo. Por lo mismo, es un poder también limitado, cir-
cunscrito al grupo y al radio de sus interesados. A veces, el
favor y aumento que ofrece a la persona resta a ésta poder
propio. En el caso del escritor, esto es evidente: cuanto más

sirva a un partido, menos autoridad propia poseerá fuera de él.

Pero no sólo el grupo, el círculo particular de la sociedad, añade poder a la persona. Hay casos en los cuales el poder añadido procede de la sociedad entera. Entonces es ilimitado y automático. Dondequiera que la persona favorecida aparezca, se producirán efectos sociales. Cada gesto, cada palabra, logrará sorprendente resonancia. Su nombre frecuentará las columnas de los periódicos, no como firma, sino como tema. No podrá viajar sin que se anuncie su desplazamiento. No abrirá su boca sin que se reproduzcan y comenten sus frases. En las reuniones privadas, su entrada modificará el tono atmosférico: la conversación, automáticamente, se pondrá a su nivel, convergirá hacia sus asuntos titulares, etcétera, etcétera. Donde no esté en cuerpo, se contará, no obstante, con él; de suerte que estará presente en cien lugares donde de hecho no está. Si se suman estos lugares de virtual presencia se obtendrá el volumen social que desplaza y se advertirá con sorpresa la desproporción entre su poder propio y el que le llega gratuitamente de la atención colectiva. A todo este conjunto de síntomas llamo «poder social».

Si esta ampliación de potencialidad estuviera en alguna relación congruente y clara con el poder propio de cada persona, el fenómeno no merecería nuestra curiosidad. Pero ocurre que al preguntarnos quién tiene y quién no tiene poder social nos encontramos con los hechos más sorprendentes.

Hay oficios a los cuales va con aproximada normalidad adscrita cierta dosis de poder social. La frecuencia con que hallamos esta adscripción nos hace pensar que es lógica y bien fundada. Así acaece que en España, por ejemplo, el hombre político que ha sido gobernante o está en propincuidad de serlo, goza de un enorme poder social. Cualquier mequetrefe que durante veinticuatro horas ha asentado sus nalgas en una poltrona ministerial queda para el resto de su vida como socialmente consagrado. Todos los resortes específicamente sociales funcionan en su beneficio. No sólo tiene influencia política en el Parlamento y en las esferas del Gobierno, sino que al entrar en un baile privado o sentarse en una mesa convivial parece que es «alguien». Y no disminuye la realidad del hecho que los presentes tengan de sus dotes individuales la idea menos favorable. Lo característico de esto que llamo «poder social» es que existe y funciona, aunque individualmente no queramos reconocerlo. El movimiento íntimo de protesta contra ese injustificado poder que acaso en nosotros se dispara, no hace sino subrayar la efectividad de su existencia. Por esto es social ese poder: su realidad no depende de la anuencia libre que cada individuo quiera prestarle, sino que se impone al albedrío particular. Rige inexorable la paradoja de que, siendo la sociedad una suma de individuos, lo que de ella emana no depende de éstos, sino que, al revés, los tiraniza.

Este poder social anejo al hombre político no sorprenderá a quien confunda la vida pública del Estado con la vida pública social. Pero, en rigor, el oficio de gobernar es una función, poco más o menos, tan limitada y circunscrita como cualquier otra. No hay tan clara razón para que a un hombre político se le rindan todos los resortes sociales, que son, en su mayor parte, independientes del Estado. Y la prueba de que no hay un nexo esencial entre ese oficio y el poder social, está en el hecho de que la dosis de éste concedida al político varía según las naciones. No creo que exista en Europa otro país —como no sean los balkánicos— donde el político disfrute de poder igual. He aquí un buen ejemplo de las cosas raras que abundan en la vida española y que un extranjero curioso no logra nunca explicarse. Pues el razonamiento que en vía recta inspira ese hecho sólo puede ser el siguiente: si el hombre político goza en España de máximo poder social, será porque es el español un pueblo eminentemente político, preocupado de los asuntos de gobierno, atento y activo en ellos. Todos sabemos que esta consecuencia tan lógica no puede ser más falsa. El pueblo español actúa políticamente mucho menos que cualquiera de los otros grandes pueblos europeos. Y, sin embargo, en Alemania, nunca, ni siquiera ahora, ha tenido el hombre político medio —que es de quien estamos hablando— un gran poder social. En la misma Francia, que por su vivaz democracia y la nerviosidad política de casi todos sus individuos se dan las mejores condiciones para que el político tuviese un enorme poder social, no ocurre tal cosa. Tiene, ciertamente, una considerable dosis de esta mística potencia; más que en Alemania, pero mucho menos que en España.

Véase cómo este fenómeno del «poder social» suscita algunos problemas curiosos que justifican su investigación. Pronto hemos tropezado con la sospecha de que en los distintos países va el poder social a clases diferentes de personas. Cabría, pues, estudiar el diferente reparto de ese poder en cada nación. La cuestión no es totalmente ociosa, porque el poder social es una de las fuerzas mayores que integran la organización dinámica de un pueblo.

Téngase en cuenta la fabulosa multiplicación de la influencia personal que él proporciona. Un pueblo es, a la postre, lo que sea el tipo de hombres favorecidos por esa mágica energía. De nada sirve que en una nación existan muchos genios, es decir, individuos de gran poder propio, de efectivo valer. Por superlativo que éste sea, resulta incapaz para producir grandes efectos nacionales: es menester que la masa preste a esos hombres la fuerza gigante del poder social que en su vasto cuerpo anónimo reside.

Así, el exceso de poder social que en España goza el político o el gobernante, constituye al pronto un enigma que luego se convierte en una clave luminosa. Es enigmático que en un país como el nuestro, menos político que Francia, se otorgue al hombre de gobierno más poder social. Pero no tardamos en hallar la solución. En Francia —como veremos— se concede gran poder social a otros muchos oficios y clases de hombres: el político, por muy favorecido que se halle, tiene que entrar en concurrencia con estos otros poderhabientes y pierde el rango desmesurado que entre nosotros ocupa. No es, pues, que posea el ex ministro español más fuerza social que el francés, sino que, por ausencia de otras fuerzas parejas, queda monstruosamente destacado.

En cambio, parecería probable que en nuestra tierra el cura y sobre todo el alto clero, usufructuase un gran poder social. Sin embargo, no ocurre así, y el matiz de los hechos en este punto descubre un secreto de la dinámica nacional española, según ella es verdaderamente en el tiempo que corre.

El Sol, 9 de octubre de 1927

II

Si se quiere hacer con algún rigor la topografía del poder social en España, su reparto entre las clases y oficios, se tropieza pronto con un caso de muy difícil apreciación. Me refiero a la Iglesia, es decir, al clero. Las causas de esta dificultad son muchas; mas yo encuentro que la primera de todas consiste en nuestra ignorancia del efectivo papel que la Iglesia juega en la dinámica española. El extranjero que viene a estudiar nuestra nación llega con la idea estereotipada de que la Iglesia domina completamente la existencia peninsular, como en el Tíbet o en Arabia. Si es perspicaz, tarda poco en advertir que la realidad no es tan sencilla. Comienza a dudar. Preguntando a unos y a otros consigue únicamente hundirse más en su perplejidad, porque oye sólo opiniones toscas y patéticas, ideas de sacristía o de casino radical. Es lamentable que nadie haya tomado sobre sí esclarecernos sobre los términos de tan importante cuestión. En primer lugar, habría de distinguir, como en una serie de círculos concéntricos, la cuantía del influjo religioso, del influjo católico y del influjo clerical. Luego de venir a un acuerdo sobre la importancia indudable de este último, convendría preguntarse si toda la fuerza que el clericalismo usufructúa en España es propia suya o proviene en no escasa medida de su intervención constante en los actos del Poder público. Como es natural, por el mero hecho de tener su mano en los resortes del Poder público se decuplica el influjo de un partido. Ahora bien: ¿cuál ha sido la relación precisa entre clericalismo y Poder público durante los últimos cincuenta años? No vale responder con fórmulas demasiado simples. Aquí es donde importa acertar. Porque es evidente que el clericalismo ha regulado en España siempre la gobernación; pero, al mismo tiempo, es un hecho que la legislación ha sido inequívocamente liberal. ¿Cómo se compaginan ambas cosas? Si el clericalismo posee el gigantesco poder propio que se le atribuye, ¿cómo ha soportado esa legislación liberal? Por otra parte, es indudable que no ha dejado nunca de la mano el Poder público y que le aterra la posibilidad de verse alejado de él durante cinco minutos.

Una hipótesis, y una sola, puede iniciar el esclarecimiento de este enigma: suponer que el clericalismo tiene mucha menos fuerza auténtica de la que se le atribuye, y por lo mismo, falto de confianza en su propio influjo sobre la sociedad, recurre al Poder público a fin de multiplicarla aparentemente. Por su parte, el Poder público, en virtud de motivos que no es oportuno enumerar, acepta muy a gusto esa tutela; pero careciendo el clericalismo de fuerza suficiente para sostener las instituciones, viene con él a un acuerdo tácito, según el cual se establece cierta dosis de legislación liberal, determinada de una vez para siempre, carne que se echa a las fieras, y se organiza al mismo tiempo la resistencia desde arriba a toda posible ampliación y progreso de ese régimen libre.

La cuestión es gruesa, y para hablar de ella con alguna precisión fueran menester muchos párrafos. Si he subrayado la coexistencia de la intervención clerical en el Poder público con una legislación *liberal*, no es porque me parezca el aspecto más sustantivo del problema, sino por ser aquél en que la contradicción es más visible y notoria. Lo que yo diría si hubiese de expresar íntegramente mi pensamiento sería cosa muy distinta, más compleja y más grave. Pero ahora sólo pretendía llamar la atención sobre lo difícil que es, contra las opiniones corrientes, evaluar la fuerza efectiva de la Iglesia en nuestro país. Sin esta precaución parecería demasiado caprichoso decir que el clero en España no tiene apenas poder social. *A priori* hubiéramos dicho que sí y le habríamos atribuido un coeficiente de él casi tan grande como el político. Pero ahí está: no ocurre tal. En el caso del clero vemos bien que son cosas diferentes el Poder social y lo que no lo es. El clero influye mucho en la vida española; sin embargo, el cura, y aun el alto dignatario eclesiástico, «pintan» poco en nuestra convivencia social. Se advierte que en otro tiempo gozaron de enorme predicamento, y podemos señalar con el dedo los residuos. En algunos pueblecitos de reducido vecindario —sobre todo, en el Norte—, tal vez en alguna capitalita de provincia, el clero posee aún vestigios de su antiguo esplendor social. Pero estos residuos quedan tan localizados que más bien subrayan su desaparición del gran cuerpo nacional. En cambio, el sacerdote, el fraile, el obispo, gozan de brillante situación dentro del grupo clerical. Ésta es, a mi juicio, la nota que más se aproxima a la verdad: tienen gran poder de grupo, pero no social. Su predicamento está taxativamente limitado por los ámbitos de un partido, y si dentro de él hacen la lluvia y el buen tiempo, fuera de él, en el aire libre de la sociedad nacional, apenas si tienen papel. Esta desproporción entre lo mucho que son dentro del grupo beato y lo poco que son puestos a la intemperie, plantea a los obispos una insospechada dificultad: la dificultad de los gestos. Como suelen vivir recluidos dentro de su episcopía, en el pequeño mundo de la beatería profesional —y no se presuma ánimo despectivo u hostil bajo esta denominación—, se habitúan a ciertos ademanes y talle que no pueden transportar más allá de la frontera de su ínsula. De modo que los discretos necesitan emplear dos repertorios distintos de gesticulación. Cuando por azar se filtra un gesto de episcopía y monjil más allá de su territorio y cae sobre el gran público, la reacción de éste, su sorpresa y extrañeza miden exactamente la diferencia que hay entre el poder de grupo y el poder social. En cambio, un político puede hacer los gestos que quiera: como individuo nos parecerá un mentecato; pero no extraña, no sorprende, su aire de «personaje». Porque, en efecto, queramos o no, el político es en España un personaje, y hasta puede decirse que no hay entre nosotros otro modo normal de ser personaje que ser político. (Ya veremos las deplorables y múltiples consecuencias que esto trae). Tampoco del sacerdote, del fraile, del obispo, habla con frecuencia la Prensa, y nadie podrá en serio atribuirlo a hostilidad de los periódicos contra el clero. El periódico puede matizar su fervor, pero no puede vivir sin aceptar la realidad social, y como hablan todos los días del político enemigo, podían, si hubiera caso, habituarnos a nombres de curas, de frailes y de obispos. En cambio, si un obispo ejecuta actos políticos, inmediatamente le encontramos cada lunes y cada martes en las columnas de los rotativos.

Y ruego al lector anticlerical que no me apunte en el haber lo antedicho como alarde de anticlericalismo, en cuyo caso me repugnaría por lo que tuviese de alarde y lo que ostentase de *anti*. Es prescripción elemental del oficio de escritor no prestar servicio a ningún partido y evitar el apoyo inmundo de todos ellos. Es una prescripción y no lo contrario, una pretensión que quepa tener o esquivar. (Lo inmundo, bien entendido, no es el partido, sino su apoyo al escritor. El escritor tiene que vivir sin apoyos, en el aire, intentando ilusoriamente asemejarse al pájaro del buen Dios y al arcángel, especies ambas con plumas y régimen aerostático). Déjesele en la limpieza y humildad de su oficio: mira en torno el mundo, oye lo que dicta el hecho

E quel che ditta va significando.

Nada más.

Esta advertencia, ajena a nuestro asunto, nos reintegra en él invitándonos a pensar sobre cuál sea el poder social del escritor.

El Sol, 23 de octubre de 1927

III

Hemos visto que en todas partes goza el político de un gran poder social, aunque el coeficiente de esa cuantía varía según los países, llegando en España al máximum. Pero este hecho más bien enturbia que aclara lo que hay de peculiar y sorprendente en el fenómeno del poder social. La afluencia de éste a los que ejercen el Poder público, a los que mandan hoy o mañana, puede hacer pensar que se trata de una reacción utilitaria mediante la cual el hombre medio procura halagar a quien puede favorecerle.

Por esta razón conviene que nos transportemos al otro polo de las actividades humanas, al oficio que menos fuerza material —de mando o dinero— posee: el escritor u hombre de letras y ciencias. La profesión literaria lleva en su misma consistencia la notoriedad para quien la ejercita con medianas dotes. Como el político, es el escritor consustancialmente hombre público. No cabe ignorarlo. Por otra parte, su acción es puramente virtual; no puede esperarse de ella ningún beneficio terreno. (Los resultados económicos que acaso produzca —la industria editorial— no proceden directamente de la obra, sino de la actitud del público hacia ella. Por eso no es el escritor, sino el editor, quien obtiene el rendimiento mayor en los países donde el libro proporciona algún rendimiento). Ambas condiciones juntas dan un valor muy puro y característico a la reacción que en una u otra sociedad suscite el gremio literario.

Y, en efecto, hallamos una gran variedad de situaciones. En Francia tiene el escritor un poder social fabuloso. Relativamente mayor, mucho mayor, que el político, si se descuenta la enormidad de poder propio que el oficio de gobernar incluye. Al fin y al cabo, quiérase o no, con el gobernante hay que contar, puesto que interviene en la existencia de cada ciudadano. En cambio, el otorgamiento de poder social al escritor no se origina en imposición ni necesidad ninguna: es una generosa reacción de la sociedad. Cuando, hace quince años, entraba Anatolio France o Mauricio Barrès en un teatro, en un hotel o en un banquete, los presentes sentían el místico contacto con una fuerza gigantesca. Y no por la persona individual que ellos fueran, sino por hallarse los circunstantes frente a un ser sobre el cual había descargado simbólicamente la sociedad francesa entera el inmenso don de su poder. Sin embargo, France o Barrès eran cimas del paisaje literario, y el comportamiento de la sociedad ante las eminencias, sean del orden que quieran, tiende siempre a ser excepcional. Lo interesante es advertir la atención que la sociedad francesa presta al escritor simplemente distinguido. Le halaga, le mima, le soba, le trae, le lleva, pone a su servicio todos los resortes de la máquina pública. El político teme allí al plumífero, porque sabe que éste maneja una fuerza considerable, fuerza que no es su pluma, sino la atención social a él dedicada. Su pluma es sólo el timoncillo con que puede dirigir hacia uno u otro lado el gran dinamismo público. Y de tal modo se trata de un poder añadido por la sociedad al poder efectivo de la obra literaria, que ni siquiera está en proporción con la popularidad de ésta. Quiero decir que autores cuya obra apenas se vende, por exigir al lector refinamientos que excluyen al gran número, gozan, no obstante, de gigantesca posición.

Muy diferente es el destino del escritor en Inglaterra. Como me falta la visión directa de este país, no podría precisar los matices de su situación; pero me parece muy clara en lo esencial. La sociedad inglesa, como masa total, se ocupa muy poco del literato y apenas si atiende al hombre de ciencia. Uno y otro gozan, pues, de escasísimo poder social. No obstante, su situación no corresponde a la que semejantes condiciones les acarrearían en el continente. La sociedad inglesa no presta atención al escritor ni al hombre de ciencia; pero tampoco la presta al soldado. Pero es que la sociedad inglesa posee una anatomía diferente de las continentales. No es *una* sociedad, sino más bien una articulación de muchas sociedades, cada una de las cuales lleva una existencia relativamente independiente. Si llamamos «círculos sociales» a estas sociedades parciales, a estos segmentos de que se compone el magnífico anélido inglés, diremos que en ninguna parte es tan amplia e intensa la vida en círculo como en las Islas. Sería inexacto hablar de grupos o partidos, porque éstos tienen fronteras muy marcadas que los acotan en el gran cuerpo social, al paso que los círculos terminan vagamente, fundiéndose por sus orlas unos con otros. Así, en ese país, donde la gente no se ocupa de literatura (¿puede llamarse tal la prosa de *magazine*?), existe un círculo de aficionados más vario y atento que en ningún pueblo —salvo Francia. Lo propio acontece con la ciencia. Ni una ni otra son productos «nacionales», como lo es para Francia la literatura y la ciencia para Alemania; pero el escritor y el científico gozan en la esfera de sus círculos de una posición saludable, que, ciertamente, no puede llamarse poder social, pero que tampoco significa su defecto.

El puesto que en Francia ocupa el literato lo usufructúa en Alemania el hombre de ciencia. La producción científica es allí un interés de la nación entera. No sólo se preocupan de ella los que la engendran y la reciben —si bien es fantástico el número de los unos y los otros—, sino también el resto de los ciudadanos. Saben que es la gloria y la fuerza de Alemania. Así se explica que al sobrevenir la terrible crisis económica de la postguerra fue el público, y especialmente el grupo industrial, quien se encargó de asegurar la continuidad de la labor científica, sacrificándole buena parte de sus reservas financieras. Al amparo de este predicamento que goza el científico, vive el literato en calidad de hermano menor. Su posición es subalterna. Y es que en el fondo de la conciencia alemana yace la secreta convicción de que, al menos en nuestra época, la literatura alemana tiene escaso valor. Si surgiese un grupo de escritores bien dotados, veríamos cargarse el gremio de poder social, como lo tuvo superabundante en tiempos de Goethe. El diagnóstico exacto fuera decir que la profesión de escritor posee en Alemania casi tanto poder social como en Francia, pero que, transitoriamente, se halla vacante de figuras reales que la incorporen con perfección aproximada. La prueba de ello es que en ninguna parte perviven con pareja actualidad ciertos escritores del pasado. Goethe, por ejemplo, sigue siendo una fuerza viva: se le tropieza en cada conversación, en el discurso parlamentario, en el libro científico. (El respeto del hombre de ciencia hacia las figuras literarias del pretérito no creo que exista más que en Alemania).

¿Y en España? ¿Qué acontece con el escritor en España?

Recuérdese que llamamos poder social a la influencia que un oficio o persona tiene más allá de la que estrictamente se origina en su acción propia. El influjo del médico sobre su clientela de enfermos es, como hecho sociológico, completamente distinto de la consideración que ese mismo médico goza acaso en el resto no profesional de su vida y relaciones.

Hablemos, pues, primero de cuál es la influencia directa que el escritor ejerce en España.

No creo que exista entre las civilizadas nación alguna menos dócil al influjo intelectual que la nuestra. Con ligeras modificaciones en esta o la otra época, puede decirse que nunca ha atendido al escritor. La vida de la España moderna representa el original ensayo de sostenerse una raza europea y afrontar el destino histórico sin dejar intervención al pensamiento. Los resultados, hasta ahora, no han sido muy brillantes; pero el buen español medio seguirá perdurablemente considerando a la inteligencia como la quinta rueda del carro. Ya es un síntoma de despego hacia esa facultad del alma contestar irritadamente a lo que acabo de decir, sosteniendo que se puede estimar la inteligencia y, sin embargo, no prestar oído a los intelectuales; que no es aquélla un don estancado por éstos, sino bien común de otras clases sociales, etcétera, etcétera. Vale más no intentar el aforo del nivel intelectual que poseen en España —al menos, en la de hoy— las clases no intelectuales. Afortunadamente, tampoco es necesario. Convengamos sin esfuerzo en que la inteligencia no es una virtud exclusiva del gremio intelectual; pero es, en cambio, grotesco que un país presuma poseer la dosis imprescindible de aquélla cuando al mismo tiempo se jacta de desatender la obra y persona de los escritores. Ni bastaría la excusa de que los autores nacionales fuesen en esta fecha de escaso valer, porque entonces estaba obligado el pueblo español a nutrirse de la obra extranjera, y si aun ésta parecía a su exquisito paladar manjar grosero, recurrir a los antiguos o a quien fuera. Todo antes que permanecer siglo tras siglo ajeno a tema alguno de inteligencia.

El hecho se presenta con tal constancia, que ya no reparamos en él y toma el aire de una ley natural, a la cual es ridículo oponer objeciones. La idea de que un libro influya directa e inmediatamente en la vida pública o privada de los españoles es tan inverosímil que no concebimos la posibilidad de suceso semejante en ningún otro país. Y, sin embargo, fuera del nuestro acontece cotidianamente. ¿Se quiere un ejemplo extremo de ello? Una de las modificaciones más importantes de la vida pública en los Estados Unidos ha sido la recentísima ley de inmigración. Pues bien: esta ley es el resultado fulminante del libro de Madison titulado *La decadencia de la gran raza*. (La obra, como casi todas las que se publican en América, es de una modestia mental superlativa).

No es cosa de investigar ahora las causas de esta inmunización para el alfabeto que gozamos los españoles. Yo espero que no se buscará la explicación, como de tantas otras peculiaridades ibéricas, en la herencia arábica. Los árabes han sido los mayores entusiastas del libro, hasta el punto de dividir a los hombres en gentes con libros y gentes sin él. Cuando Mahoma busca el más eficaz encomio de su dios, el atributo que más le adorna y recomienda, hace constar que fue él quien «enseñó al hombre a mover el cálamo». (Surata 96).

Esta carencia o poco más de influjo sobre su contorno social proporciona al escritor español algunas ventajas que tal vez no ha sabido aprovechar. Cuando se cree que el párrafo escrito va a tener consecuencias reales, el escritor honrado se siente cohibido en su libertad espiritual. Pensamientos que teóricamente son importantes y certeros pueden causar daños prácticos. Pero el escritor español ha podido entregarse a las exclusivas exigencias de su oficio sin temor a ser nocivo. Ha podido ser pura y rigorosamente veraz. Sin embargo, esta ventaja es inseparable de otro grave peligro. La falta de repercusión en el público, cuando es permanente y completa, da al oficio del escritor un carácter espectral. Lo distintivo de la realidad es producir efectos. Cuando éstos faltan llega la persona a perder la noción de su propia actividad. No sabe lo que es ni lo que no es. Flota en el vacío sin presiones exteriores que definan sus límites. Si no tiene en sí mismo un fortísimo regulador, acabará por creer que lo mismo da decir una cosa que otra, puesto que ambas producen el mismo nulo resultado. En suma: la desatención pública desmoraliza al escritor, induciéndole sin remisión a la irresponsabilidad...

El Sol, 30 de octubre de 1927

IV

Si es tan menguada que casi es nula la influencia directa del escritor sobre la sociedad española[1], claro es que no puede gozar de verdadero poder social. Es fácil que algunos literatos se hagan la ilusión de lo contrario, porque el oficio de escritor lleva consigo, dondequiera que se ejercite, y más en un pueblo de no gran volumen, como el nuestro, cierta aureola que puede ser un espejismo. Me refiero a la notoriedad. *Ceteris paribus,* un escritor es más conocido que un ingeniero o que un industrial, que un abogado o que un banquero. Pero un hombre conocido no implica dilatada estimación, ni siquiera conocimiento de la obra y la persona. Los que escribimos somos mucho más conocidos que leídos, y más leídos que entendidos y estimados. Y aun conviene calcular muy por lo bajo las dimensiones de esa notoriedad.

Precisamente, el tipo de vida que, por carencia de poder social, se ve obligado a llevar el escritor en España le salva

---

1. Queda siempre, como no podía menos, otro género de influencia que se produce a la larga y difusamente. Por eso, si la desatención al escritor va inspirada por el deseo de que sus ideas no penetren nunca en la masa social, fracasa en el propósito. A la postre, tarde y confusionariamente, acaba también en España el pueblo por pensar como los escritores. Pero ahora se trata de la influencia mediata, concreta y rápida que es normal en otras naciones.

tal vez de una amarga desilusión. Porque, en efecto, vive casi siempre recluso en un mínimo círculo de personas próximas al oficio intelectual, rodeado de una delgadísima película social que intercepta su visión del gran cuerpo colectivo. Cuando por azar perfora esa película y se encuentra entre gente media, descubre con sorpresa que ni él ni los mejores de su gremio son conocidos pocos metros más allá de la habitual tertulia. Y si no literalmente desconocidos, tan vaga y confusamente notorios que fuera preferible la rigorosa ignorancia.

Pero sería inexacto contentarse con decir que el escritor carece en nuestra tierra de poder social. Es forzoso buscar un concepto que con más precisión defina la sorprendente situación del que escribe en España. Yo diría, pues, que el hombre de letras goza en Celtiberia de un poder social negativo. ¿Qué significa esta extraña idea? Simplemente, que para el buen español medio, el escritor, como tal, es un hombre de fama, pero, entiéndase bien, de mala fama. Escribir es una forma de avilantez. Al pronto se juzgará que es esto una exageración. Pero téngase la bondad de hacer el siguiente experimento mental. Imagínese que soltamos —es la palabra— a un escritor conocido en una reunión de la burguesía española que no sea, por algún motivo, excepcional e inténtese con lealtad describir los sentimientos que en aquellas personas suscita su presencia. En el mejor caso, sólo encontraremos inquietud, desasosiego, suspicacia y antipatía, una falta absoluta de comunidad con aquel ente sobrevenido. El experimento queda completo si paralelamente se imagina la escena en Francia, entre otros personajes que sean los correspondientes.

Se me dirá que hay casos de enorme y respetuosa popularidad, y se me citará concretamente el constante homenaje de las clases sociales más diversas a un hombre como Ramón y Cajal. Pero yo deploro que este ejemplo me hunda más en lo que por ventura es mi error. Esa excepción, en cierto modo única, que se hace con Ramón y Cajal, trayéndole y llevándole como al cuerpo de San Isidro, en forma de mágico fetiche, para aplacar las iras del demonio Inteligencia, acaso ofendido, es una cosa que no se hace más que en los países donde no se quiere trato normal, próximo y sin magia con los intelectuales. Se escoge uno a fin de libertarse, con el homenaje excesivo e ininteligente a su persona, de toda obligación con los demás. El hecho de ser justamente Ramón y Cajal el elegido acentúa, mejor aún, pone al descubierto casi obscenamente el irrisorio secreto que oculta tan aparente fervor. Porque apenas nadie tiene la más ligera idea de cuáles son las admirables conquistas del ilustre sabio. Por otra parte, la histología es una ciencia tan remota de la conciencia pública, tan neutra y sin color, que parece deliberadamente escogida para la apoteosis por un pueblo que considera la labor intelectual como una superfluidad, cuando no como una fechoría. Si Ramón y Cajal escribiese una sola página que afectase un poco más de cerca al ánimo español, presenciaríamos la ominosa evaporación de su poder social.

Es difícil encontrar en las naciones actuales nada que se parezca a la colocación sociológica del gremio intelectual en España. Vive al margen de la existencia normal colectiva. No se cuenta con él para nada, ni oficial ni privadamente. Al contrario: se descuenta para él un como breve territorio baldío, especie de *Indian Reservation*, donde se le deja extravagar. Porque esto es, en definitiva, lo único que de él se espera: la extravagancia. Añádase a esta existencia marginal, pareja a la que llevaban los leprosos en la Edad Media, la humillante impecuniosidad que sufren casi todas las familias de escritores. En tales circunstancias resulta inevitable, pero no justificado, el tono agrio, violento, chabacano, que domina en nuestra producción literaria. Lo sorprendente parecerá que su actitud no sea más desesperada, y lo increíble, que bajo el escritor el hombre sea tan honrado. Porque es preciso hacer constar que la honestidad civil del intelectual español supera acaso a la de casi todos los gremios hermanos triunfantes en otros países. (No es posible decir lo mismo de su honestidad técnica: en general, no pone cuidado, ni mesura, ni elevación ni rigor en su trabajo).

Esta irrealidad social de su oficio, que más o menos clara percibe entre nosotros todo escritor, es causa de una peculiaridad que, por su misma constancia, no ha sorprendido cuanto debiera. Me refiero al hecho de que España es el único país europeo donde los intelectuales se ocupan de política inmediata. Fuera de aquí, sólo por excepción se encuentra a un escritor mezclado en las luchas cotidianas de los partidos. Pero aun en esos casos excepcionales, cuida muy bien el escritor de separar su labor intelectual de su inquietud política, y cuando esto no, de exigir a sus intervenciones políticas todas las altas virtudes que rigen la obra intelectual. Llevan, pues, su intelectualidad íntegra a la política, al paso que entre nosotros la política más basta y pueril viene a anegar la intelectualidad. De suerte, que no se logra la única ventaja que esta confusión de oficios podía traer: que el intelectual elevase el nivel de los combates públicos merced a la superior disciplina de su intelecto. En cambio, pasa que la necedad constitutiva de la política diaria desintelectualiza al escritor. Así acontece el hecho bochornoso de que los escritores españoles vivan separados por sus tendencias políticas —que son siempre las de la calle— más que por discrepancias intelectuales. Ayer fue por una cosa; hoy es por otra: nunca falta el pretexto para que el intelectual mismo, siguiendo la tradición nacional, patee concienzudamente su oficio.

Falto de poder social, busca el escritor una compensación aproximándose al único oficio que goza de él en España. Siente apetito de mando efectivo y quiere ser político.

La consecuencia de todo esto ha sido deplorable. Porque es el caso —aunque se juzgue contradictorio de lo antedicho— que España llega a un recodo histórico en el cual sólo puede salvarla, políticamente, la seria colaboración de los intelectuales. Se ha llegado a una sazón en que es preciso inventar nuevos destinos y nueva anatomía para nuestro pueblo. ¿Se cree que puede hacerse esto sin el gremio de las ciencias y las letras? Me parece ilusorio. A estas alturas de los tiempos, cuando vivimos en sociedades viejas y complejas, no se puede inventar historia por puro golpe de vista. Hace falta una técnica de la invención, hace falta «tener oficio», escuela, preparación de intelecto. De otra manera, sólo se propondrán soluciones primarias, toscas, de mesa de café.

Si los intelectuales españoles hubiesen sido fieles a la ley de su oficio, sólo ellos poseerían hoy una verdadera política, un proyecto de vida nacional en grande, una norma pública a la vez elevada y compleja. Y es probable que por vez primera España volviese hacia ellos los ojos, ya que no de grado, forzada por las circunstancias.

No puede ser más desdichada de lo que es la posición del escritor en la sociedad española. Se le exigen todas las virtudes, y encima de ellas, ese don maravilloso, delicadísimo, que es el talento. En cambio, no se le concede nada, y menos que todo lo demás, atención. Sin embargo, creo que fuera un error considerar como el ideal la posición contraria, tal y como suele ser otorgada al escritor en Francia. Pienso que un intelectual de profunda y auténtica vocación repugnará siempre ese exceso de sobo colectivo, ese amanerado culto que le rinde el contorno y amenaza con cegar el manantial de su espontaneidad, con reblandecer el rigor de su interna disciplina. Sometido a tanto miramiento, se deforma con frecuencia el escritor francés hasta adquirir una psicología de tiple.

Conviene que el intelectual no crea demasiado en sí mismo. Después de todo, lo más bello que hay en la inteligencia, lo que la distingue de otras calidades más toscas —como la belleza física, la fuerza, la nobleza genealógica o el dinero—, es que siempre es problemática. Nunca se sabe de cierto si se tiene o no inteligencia. Lo más que puede asegurarse es que la ha tenido uno hace un momento; pero ¿ahora, en este instante que viene, en esta frase que se comienza? El hombre inteligente ve constantemente a sus pies abierto e insondable el abismo de la estulticia. Por eso es inteligente: lo ve y retiene su pie cautelosamente.

El Sol, 6 de noviembre de 1927

V

Lo dicho hasta aquí va dibujando una clara contraposición entre España y Francia por lo que toca al poder social. Esta contraposición no consiste tanto en que Francia otorgue poder social a unos oficios y España a otros, sino en algo más importante. Francia es el país donde mayor número de actividades diferentes reciben la aureola del prestigio público. España es el país en que casi nadie —ni como individuo ni como representante de un oficio— goza de ella. Esto significa taxativamente que la sociedad española es mucho menos compacta y elástica, por tanto, mucho menos sociedad, que la francesa. Verdad es que en este punto culmina Francia sobre todos los pueblos. La nación entera vive y absorbe cuanto acontece en cada una de sus partes. Muy pocas cosas quedan recluidas en su rincón, sin irradiar sobre el resto del cuerpo público. El francés del Norte participa de la vida meridional, la convive, como el hombre de la Provenza se sabe muy bien su Bretaña y su Normandía. El escritor puede acercarse al militar seguro de que éste tiene una idea bastante minuciosa de su obra, y, viceversa, el militar cuenta con que el escritor conoce suficientemente sus faenas de Siria o del Sáhara. Lo propio acontece con el industrial, con el cosechero, con el político. Cuando un francés hace algo que sobresalga un poco, sea del orden que sea, conquista automáticamente la fama. No creo que haya ningún otro país donde el individuo medio tenga en la cabeza tantos nombres de compatriotas famosos. Viceversa, podría decirse forzando la exactitud, para acusar mejor la realidad, que casi todos los franceses son famosos. Me parece una tontería atribuir este fenómeno a la vanidad gala, que se complace en exagerar el valor de sus hombres, ni tampoco a la vieja historieta de la cucaña en que los franceses entusiasmados aúpan a su conciudadano, favoreciendo su ascensión. El hecho es más hondo e importante que lo supuesto en esas explicaciones. En primer lugar, famoso no quiere decir ni más ni menos valioso. Famoso es todo aquél de quien se habla en amplios círculos. Y hay una fama negativa; por ejemplo: la del criminal. Ahora bien: es característico de Francia la popularidad que adquieren sus criminales. Landrú llegó a ser un héroe nacional, se entiende un héroe negativo. No se dirá que esta atención, esta curiosidad hacia aquel asesino, procede de vanidad nacional. Es, simplemente, que a toda Francia le interesa cuanto acaece en un punto cualquiera de sí misma. Vive —como el alma— toda en cada una de sus partes. Nada deja de aprovecharse socialmente, ni lo bueno ni lo malo. No hay desperdicio. ¿Quién duda que ésta ha sido una de las grandes fuerzas que han hecho posible la riqueza y continuidad sin par de la historia francesa? Merced a ella, esta raza, que en ningún orden es genial, ha logrado dar un máximum de rendimiento. Cuanto en ella acontece es desde luego social, o lo que es lo mismo, queda multiplicada su eficiencia por el volumen entero de la colectividad.

En España presenciamos la escena contraria. Si apenas nadie tiene entre nosotros poder social, se debe a que nuestra sociedad es laxa, sin elasticidad, sin comunicación entre sus trozos. De un cañonazo que se dispara en un barrio no se entera nadie en el próximo. Sería preciso disparar el cañonazo dentro del oído de cada español para lograr que la sociedad española se enterase de que ahí fuera había tiros. Y no es la envidia ni el tan repetido «individualismo» causa profunda de esto. Es la falta de curiosidad y de afán de enriquecer nuestra vida con la del prójimo. El militar vive sumido en su cuarto de banderas como en una escafandra. No tiene la menor idea de lo que acontece en la escafandra de las letras o de la industria. Hace muchos años, recuerdo haber descrito la sociedad española como una serie de compartimientos estancos. Cada provincia, por ejemplo, vive hacia dentro de sí misma, absorta y abstracta del resto de la nación. Se trata, pues, de una estructura social morbosa, porque hace de España una sociedad de disociados. Éste es el mal profundo que late y subsiste cien codos más hondo que todos los conflictos, luchas y desórdenes políticos o religiosos.

Ahora, creo yo, se manifiesta el sentido de estas consideraciones sobre el poder social. La falta de generosidad para otorgarlo que nuestra sociedad revela es gravemente nociva para ella misma. Cada oficio desatendido socialmente señala una faceta de humanidad que nuestro pueblo deja de vivir. Si resulta que casi todos los oficios son desatendidos, dígaseme qué repertorio normal de ideas y fervores, de saberes y de normas, reside en el alma del español medio.

No se me diga que estas advertencias emanan de un preconcebido pesimismo. Todo lo contrario. La pulcra descripción de este enorme defecto muestra, a la par, que no hay en él factor alguno irremediable, fatal; antes bien, actúa de manera automática en su corrección, despertando en el lector la tendencia a subsanarlo.

Ello es que hasta ahora sólo hemos encontrado un oficio favorecido en España con poder social: el político. Si buscamos más, temo que sólo hallaremos otra fuerza que a su propia eficiencia añada la que espontáneamente surge de la sociedad: el dinero.

El poder social del dinero no es peculiar de nuestro pueblo, sino un hecho capital de la época vigente. No se diga que de todas las épocas, porque es falso. En la Edad Media, como ahora, el dinero lo tenía el judío. Como ahora, había entonces que contar con éste, y, sin embargo, no tenía ningún poder social. Menos aún: el judío quedaba en una posición negativa, infrasocial. Hoy el dinero se ha adueñado del mundo, y dentro del mundo, de España. No obstante, es preciso reconocer un ligero matiz a favor nuestro. El español dedica menos entusiasmo al oro que otras razas. Quien conozca los secretos del alma española dudará siempre y *a limine* de la interpretación que se dio en Europa a las hazañas de nuestros conquistadores. Sajones y franceses titularon aquella formidable y loca empresa «La sed de oro». Yo sospecho que la verdad es más bien inversa. Porque el europeo de entonces —comienzo de la era capitalista— sentía una fabulosa sed de oro, según luego se ha demostrado, no podía imaginar que aquellos españoles cumpliesen sus hazañas por otros motivos. Y el caso es que ya entonces las barras de oro llegaban en los galeones a Sevilla, donde eran cargadas sobre los lomos de unos mulos, que tomaban derechos el camino de Francia.

Con ser grande el poder social del dinero, en los ámbitos peninsulares es incomparablemente menor que en otros países; por ejemplo, que en Norteamérica.

Leo en un libro reciente: «En ninguna parte como en Norteamérica se habla tanto y tan descaradamente de dinero. En la calle, en la reunión, en el club, gira siempre la conversación sobre la riqueza. Cada cual manifiesta, sin pudor alguno, cuántos dólares ha "hecho" en el año, en el mes. *Succes* significa siempre triunfo económico. La pregunta "¿cómo le va a usted?" es referida siempre a la situación económica del momento. Fulano "vale" medio millón de dólares; Zutano, sólo cien mil. Todo se expresa en moneda; en los periódicos pululan los dólares; un nuevo edificio es una construcción de un millón; un fuego es un fuego de un millón; una lluvia fuerte es una lluvia de un millón de dólares, y un cuadro es un Tiziano de cien mil dólares».

El rico destaca sobre la masa, es su ideal y modelo. La escala de valores sociales radica exclusivamente en el éxito económico. No existen otras maneras de distinguirse. La ambición encuentra como único medio de satisfacerse el enriquecimiento; en cambio, este medio está abierto a todos y es de todos entendido.

No hay concesión de patentes de nobleza, no hay títulos ni honores. La carrera política tiene poco prestigio, sobre todo dentro de cada Estado, y consecuentemente carece de atracción. Dedicar la vida a un *otium cum dignitate* no da posición social; antes al contrario, es cosa mal mirada. En cambio, «*the man who made his pile*» («el hombre que hace su agosto») goza de respeto, de prestigio, como en ninguna otra parte. Todo el mundo se inclina ante él como no se inclina nadie en Europa ante los representantes de la más antigua nobleza. El rico es el centro del interés público: le persigue la curiosidad y la atención general; se encuentra su nombre constantemente en las *Society News*; se investigan las menudencias de su vida. Existe toda una literatura sobre los ricos, y estos mismos creen demasiado a menudo que es su deber contar su vida, describir su ascensión de la nada ante la muchedumbre estupefacta. En torno a estas figuras se forma todo un mito, y «llegará un día en que sea tan difícil saber la verdad pura sobre Ford como lo es saberla sobre Cromwell, Napoleón o Washington»[1].

---

1. Pound: *The iron man in industry*, 1922, pág. 76.– Alfred Rühl: *El sentido económico en América*, págs. 46 y 53. 1927.

Me interesan estas palabras por dos razones. En primer lugar, contienen una buena descripción de lo que llamo poder social. En segundo lugar, nos sirven como término de comparación para calcular la cantidad de éste que va en España, aneja al dinero.

El Sol, 20 de noviembre de 1927

[Las elecciones y la vida nacional]

He leído estos días en *El Debate* un comentario a la situación pública que me parece un excelente ejemplo de razonamiento político. No tengo ahora delante el texto, y es posible que al recordarlo yerre en alguna tilde; pero lo importante era el sentido general del pensamiento. El periódico inducía al Gobierno para que, lo antes posible convocase a elecciones municipales, y la razón que movilizaba era ésta: es peligroso mantener a una nación en inercia de vida pública, dejándola sin colaboración espontánea en sus destinos. Por vivir así, como ausente de su propio regimiento, ha caído en depresión la conciencia pública española y asiste al ejercicio de sus gobernantes más resignada que adherida.

Quítese de estas expresiones cuanto exacerbe o desvíe la exactitud del texto. No es el detalle de éste ni de mis propias palabras lo que me interesa, sino la tesis sustantiva y el modo de razonar. Se acude aquí —para apoyar una demanda política— a razones psicológicas, desdeñando otros argumentos pragmáticos de apariencia más concreta, pero, a mi juicio, siempre ficticios en las grandes cuestiones públicas. Gobernar, llevar hacia las alturas históricas una nación, es una obra de psicología; ni hay otras fuerzas decisivas ni otros problemas últimos en política que los ánimos y los desánimos, las ideas y los apetitos alojados en las almas de los ciudadanos. La misma materia económica, que a primera vista presume de independencia, no tiene efectiva realidad sino al través del vario carácter que posean los hombres. Un mismo impuesto da resultados divergentes en Suiza y en España, y hasta delante de una propina se comportan dispares el francés y el castellano.

Ignoro cuál es la pluma que escribió en *El Debate* tan discretos párrafos; pero al leerlos, mediante esa comunicatividad difusa que a veces tienen las palabras, y que les permite insinuar mucho más de lo que dicen, he sentido con ella una profunda coincidencia, que llega a las raíces mismas de la ideología política. Yo deploro revelar a ese escritor anónimo que va en tan mala compañía; pero al leerlo he pensado: he aquí un hombre que sabe por qué, en última instancia, son necesarias las elecciones en una nación —que no es últimamente por razones de criterio jurídico ni en virtud de convicciones democráticas, sino, sencillamente, porque una nación moderna no marcha, no puede marchar, de otra manera. (Téngase la bondad de no traer una vez más como ejemplo a Italia. Sobre la situación de Italia se puede pensar lo que se quiera, salvo pensar que es un ejemplo, por la sencilla razón de que es todavía un ensayo mucho más problemático que el hecho en España. Para quien reflexiona con alguna precisión, la referencia a Italia, lejos de acla[rar]* no hace sino complicarlo más. *Una solución no es desplazar un problema con otro mayor.* Hay que evitar el método del oso que, amigo del hombre dormido, le quiere quitar la mosca de la frente y para ello le aplasta con la pata la cabeza).

No carguemos el acento sobre la municipalidad de las elecciones que *El Debate* postula; luego rozaremos este punto. Sin especificar género ni modo, hagamos notar que las elecciones no son la quinta rueda del carro en una nación actual; que no son una gala romántica apetecida por los señores que aún leen a Stuart Mill; que no son invención original del conde de Romanones, ni emanación sugestiva de la minerva del marqués de Alhucemas. Son —en una u otra forma— la condición ineludible de la vida nacional. Porque vida nacional, desde 1700, es cada vez más, quiérase o no, vida *pública*; no suma de vidas privadas, como era la Edad Media, con su particularismo y atomización, forzosos y fecundos entonces. Ahora bien: vida pública no es —y esto me parece escuchar bajo las palabras de *El Debate*— un estado pasivo de las masas, de los millones de individuos que integran la nación; no es que *no* se subleven, que *no* asesinen, que *no* roben, que *no* griten contra el Gobierno, sino que es esencialmente colaboración, intervención activa de unos en otros, dinamismo y movimiento, en suma. Y es ilusorio en las alturas de 1900 marcar una línea divisoria entre la función de gobierno y las restantes: riqueza, creación técnica, producción científica, entusiasmo educativo, organización del placer social (actividad ésta más importante de lo que suele creerse). Es ilusorio decir: gobierno yo;

* [Aquí se interrumpe el manuscrito].

vosotros, vacad a vuestros menesteres. Porque desde hace mucho tiempo, merced a la anatomía misma de las naciones nuestras, la gobernación no termina ni empieza en ninguna frontera social determinada; porque no es como *en cierto modo* pudo ser en sazones primitivas, un ejercicio de mero mandato y policía, sino que es todo un haz de la vida nacional fundido con todos los demás e inseparable de ellos. El gobernante no es hoy sólo un *imperator*, sino que es el consocio nato de todas las industrias y entidades comerciales, el mayor interesado en todas las preparaciones técnicas; por tanto, científicas y pedagógicas; su mano tropieza con la del labriego sobre todas las manceras, y gira el gobernalle de los navíos y defiende las redes de los equipos nacionales de fútbol. Por esta razón, no puede hacer nada real y serio por sí solo; necesita contar con el resto de la sociedad, y este resto es a su vez cogobernante nato. La nación actual no es —no digo sólo que no deba ser, sino que, además, de he[cho]* un pueblo vencedor y un pueblo esclavizado bajo él—, sino que es más bien una inmensa razón social.

Aquí tenemos esta vieja Españita que es nuestra razón social. Todos estamos interesados en ella. No es que debamos estarlo; es que lo estamos queramos o no. Vamos embarcados en ella con la raíz de nuestro ser. De su suerte depende la holgura y el garbo de nuestra vida y la de nuestros hijos que empiezan ya a florecer. Se trata de empujar esta Españita un poco hacia avante, con denuedo, con gracia, con gentileza. La sazón era —lo es, aunque se va perdiendo el tiempo— inmejorable. Los grandes pueblos cir-

* [Aquí se interrumpe el manuscrito].

cundantes tienen sobra de faena en casa y dejan espacio y calma para que hagamos lo que nos plazca. Nuestro pueblo es el que arrastra menos conflictos graves; es el más sano, aunque un poco tonto. ¿Por qué no hacer algo valioso con él? Hacer algo, algo que merezca la pena, algo sólido, grácil, complejo, bien torneado. No extravagancias, no batimanes. ¿A qué viene —se pregunta uno en horas de serenidad— todo este aire tremebundo que ha tomado la gobernación de España en estos últimos tiempos?

Si un perspicaz visitante, llegado de tierras muy lueñes, nos preguntase: «Bueno, pero vamos a ver: ¿qué crimen horrendo ha cometido esta nación para haberla sometido a un régimen tal de superlativa ortopedia y extrema sujeción? Algo exorbitante tiene que ser para justificar el correctivo, cuyo formato pocas veces se ha dado en todo lo largo de la Historia».

Yo temo que sea un día difícil responder con justeza, con evidencia, a esta pregunta. No voy yo, claro está, a discutir ahora el tema; pero conviene que cada cual, aun el más entusiasta del procedimiento, concrete bien dentro de sí los motivos que, a su juicio, los justifican, y luego los sopese bien, lealmente, poniendo en el otro plato de la balanza la anormalidad del correctivo, después de haberse hecho bien cargo de ella. Es debido añadir en seguida que esa forma superlativamente anormal del regimiento ha sido manejada con perfecta mansedumbre. Pero ¡diablo!, esto es lo peor. Por dos razones: la primera, porque caemos en la deprimente postura de tener que agradecer como un favor la supervivencia a que creíamos tener algún derecho; la segunda, porque no haber usado de una facultad anormal demuestra andando que no era necesaria. Pero no se trata aquí de censurar el presente. Aunque pudiera, no me parecería asunto atractivo. Más que censurar el presente, me complacería —si hay para ello licitud— imaginar el porvenir en colaboración con *El Debate*.

No ser hombre de partido

¿QUIÉN ES USTED?

Una de las cosas que más indigna a ciertas gentes es que una persona no se adscriba al partido que ellas forman ni tampoco al de sus enemigos, sino que tome una actitud trascendente de ambos, irreductible a ninguno de ellos. A eso se llama colocarse *au-dessus de la mêlée* y para esas gentes nada hay más intolerable. Yo creo, por el contrario, que esa exigencia de que todos los hombres sean partidistas es uno de los morbos más bajos, más ruines y más ridículos de nuestro tiempo. Por fortuna, comienza ya a ser arcaica, extemporánea y se va convirtiendo en vana gesticulación. Crece, en cambio, el número de personas que consideran esa exigencia, además de tonta, profundamente inmoral, y que siguen con fervor esta otra norma: «No ser hombre de partido».

Es innegable, sin embargo, que el imperativo del partidismo gozó en los últimos veinte años de gran influjo, hasta el punto de caracterizar ese período que incluye a la hora presente. Era y es un grueso síntoma del tiempo que merece un detenido análisis. Lo que sigue no pretende ser éste y se reduce a destacar algunos de sus ingredientes.

Antes de examinar una doctrina conviene fijarse bien en quien la emite y sustenta. Ello nos ahorra, a veces, buena porción del trabajo. Así en este caso. Los que se irritan contra quienes, según ellos, se colocan *au-dessus de la mêlée*, son gentes siempre de una misma vitola. Por lo pronto no son nunca los que pensaron originariamente la idea en torno a la cual se formó el partido y que provocó la *mêlée*. No son, pues, gentes que hayan, por sí mismas, pensado nunca en nada. Se han encontrado con un partido hecho que pasaba delante de ellos y lo han tomado como se toma un autobús. Lo han tomado a fin de no caminar con la fatiga de sus propias piernas. Lo han tomado para descansar de sí mismas. Porque hay gente cansada de sí misma desde que nace. No se vaya a creer que este cansancio es un detalle accidental. El hombre nativamente hastiado de sí mismo es un tipo categórico de humanidad. Ese hastío es el centro mismo de su ser y todo lo demás que hace lo hace en virtud de la necesidad de huir de sí a que ese cansancio le obliga.

Se preguntará de dónde, a su vez, provienen ese extraño hastío y fuga de sí. La pregunta es pavorosa para hecha así, en medio de un artículo. Responderla supondría resumir todo un sistema de psicología, de metafísica —y no es posible intentarlo aquí. Ensayemos en pocas palabras dibujar un escorzo mínimo de la cuestión.

Si yo preguntase con urgencia y rigor al que me lee: ¿quién es usted? —¿quién es ése a quien al hablar llama usted mismo «yo» y que tiene además un nombre civil?—, la respuesta más próxima sería ésta: yo soy mi cuerpo y mi «alma», psique, conciencia o como se lo quiera denominar. Pero yo le haría advertir que su cuerpo y su alma son cosas con que él se ha encontrado al encontrarse viviendo. Se ha encontrado con un cuerpo fuerte o débil, rápido o cojo, se ha encontrado con que no tiene buena memoria de palabras, pero sí buena memoria de fechas, con que le es fácil el razonamiento matemático, pero, en cambio, con que no puede fiarse de su «fuerza de voluntad». Esto revela que cuerpo y alma son medios —mejores o peores— con que ese a quien llama «yo» se ha encontrado para vivir, medios que son para esta su vida los más inmediatos e importantes, los más «suyos», pero, en definitiva, medios al igual que su traje, que una rica herencia, que la tierra donde habita, que la sociedad en que se mueve. Su cuerpo, su alma, su fortuna, su tierra, su nación, son todas cosas, en algún sentido, suyas, y, por lo mismo, no son él. ¿Quién es, pues, él? Él es el que tiene que vivir con todo eso. Decir que somos materia o espíritu es expresar mitos, a lo sumo hipótesis plausibles, pero nada más. Hay que aprender a libertarse de la idea tradicional que nos arrastra a hacer consistir siempre la realidad en alguna cosa, sea corporal, o sea mental. El «yo» de que habla el lector en casi todas sus frases, ni es materia ni es espíritu. Es algo previo a todas esas respuestas «teóricas», es sencillamente el que tiene que vivir una cierta vida. Nótese, una cierta vida. No una vida cualquiera, sino, por el contrario, una vida estrictamente determinada. Así, por ejemplo, el lector es el que sólo sería capaz de amar una mujer que tuviese tales y tales calidades. Es inútil que el contorno le presente figuras sustitutivas y que él ponga su mejor voluntad para enamorarse: si aquella mujer peculiarísima no aparece en su horizonte, el lector habrá fracasado en una de las grandes dimensiones vitales. Parejamente: el lector es el que tiene que ser hombre de mundo. Pero ha nacido en una familia humilde, sin medios de fortuna, no ha tenido suerte en sus negocios y posee un talle sobremanera desgarbado. El lector no podrá entonces llegar a vivir su vida. Su «yo», el que él es, no llegará a realizarse, pero esto no quita que él siga siendo eso, el que tiene que ser hombre de mundo. Somos el que somos indeleblemente y sólo podemos ser ese único personaje que somos. Si el mundo en torno —incluyendo nuestro cuerpo y nuestra alma— no nos permite realizarlo en la existencia, tanto peor para nosotros. Pero es vano pretender modificar ése que somos. Si en vez de ser nuestro auténtico yo fuese sólo algo nuestro —como el traje, el cuerpo, el talento, la memoria, la voluntad—, podríamos intentar corregirlo, cambiarlo, prescindir de él, sustituirlo. Pero ahí está, es nuestro ser mismo, es el que, queramos o no, tenemos que ser. Se dirá que entonces nuestra vida tiene una condición trágica, puesto que, a lo mejor, no podemos en ella ser el que inexorablemente somos. En efecto, así acontece. La vida es constitutivamente un drama, porque es siempre la lucha frenética por conseguir ser de hecho el que somos en proyecto.

El «yo» del lector es, por lo pronto, un proyecto de vida. Pero no se trata de un proyecto ideado por él, preferido libremente. Este proyecto se lo encuentra ya formado al encontrarse viviendo. Los antiguos usaban confusamente de un término cuyo verdadero significado coincide con ése que he llamado proyecto vital: hablaban del Destino y creían que consistía en las cosas que a una persona le pasan. Pronto se advierte que una misma aventura puede acontecer a dos hombres y, sin embargo, tener en la vida de uno y otro valores distintos y hasta opuestos, ser para uno una delicia y para el otro un desastre. Lo que nos pasa, pues, depende para sus efectos vitales, que es lo decisivo, de quién seamos cada uno. Nuestro ser radical, el proyecto de existencia en que consistimos, califica y da uno y otro valor a cuanto nos rodea. De donde resulta que el verdadero Destino es nuestro ser mismo. Lo que fundamentalmente nos pasa es ser el que somos.

Somos nuestro Destino, somos proyecto irremediable de una cierta existencia. En cada instante de la vida notamos si su realidad coincide o no con nuestro proyecto, y todo lo que hacemos lo hacemos para darle cumplimiento. Porque así como ese proyecto que somos no consiste en un plan libérrimamente dibujado por nuestra fantasía, tampoco se halla ahí, como éste, atenido a nuestro buen deseo de cumplirlo o no. Lejos de esto, es un proyecto que por sí mismo se proyecta sobre nuestra vida, que la oprime rigorosamente porque impone su ejecución. Por eso decía yo antes: el lector es el que *tiene* que vivir una cierta vida.

Pero la vida no es sólo nuestro «yo», sino que es también el mundo en que ese yo tiene que realizarse. El proyecto es un programa de actuación en el mundo y tropieza, por lo tanto, con lo que éste sea. Más o menos, siempre hallará dificultades. Y aquí aparece la otra dimensión de nuestro yo. ¿Aceptamos ese proyecto que somos no obstante las dificultades que se oponen a su ejecución? O, por el contrario, ¿decidimos en éste, en el otro caso, traicionar al que tenemos que ser, renunciando a soportar los enojos que nos traiga? Es decir, que si somos un proyecto vital, somos también, inseparablemente, el que decide o no su aceptación. Esta decisión es previa a todo acto de voluntad. Hay quien inequívocamente acepta su destino, su ser, pero se encuentra mal dotado de voluntad. Yo decido no fumar porque perjudica mi salud y estorba mi trabajo, que es mi destino. Mi decisión es plena y auténtica. Sin embargo, sigo fumando porque mi voluntad es débil. Nuestro idioma habla muy agudamente del hombre «decidido», que es cosa muy distinta del hombre dotado con fuerte voluntad. El «decidido» es el que está, desde luego e íntegramente, puesto a su destino, que lo ha aceptado, que desde siempre y para siempre está encajado en él. Hállase, pues, por completo al servicio de aquél que tiene que ser.

Imagínese ahora el tipo de hombre opuesto a éste. Al primer choque de su «yo» con el mundo sintió que no era capaz de ser fiel a aquél, de comportarse en cada situación vital según su proyecto íntimo le demandaba. No se ha resuelto a sufrir por su destino y se habitúa a abandonarlo. A veces es un hombre capaz de sufrir grandes penalidades por satisfacer un apetito de su cuerpo o de su alma —por ejemplo, lujuria o ambición—, pero es específicamente incapaz de esa forma mucho más radical de sufrimiento que es padecer por su Destino. Como la vida es siempre drama, también lo es, y más horrible, la de este hombre. Porque quien renuncia a ser el que tiene que ser, ya se ha matado en vida, es el suicida en pie. Su existencia consistirá en una perpetua fuga de la única realidad auténtica que podía ser. Nada de lo que hace lo hace directamente por sincera inspiración de su programa vital, sino, al revés, cuanto haga lo hará para compensar con actos adjetivos, puramente tácticos, mecánicos y vacíos, la falta de un destino auténtico.

Toda maldad viene de una radical: no encajarse en el propio sino. De aquí que no haya maldad creadora. Todo acto perverso es un fenómeno de compensación que busca el ser incapaz de crear un acto espontáneo, auténtico, que brota de su Destino. El adagio popular dice que una mentira hace ciento. La mentira es un ejemplo particular de acción en que el hombre abandona su verdadero ser. Toda verdad del hablar supone la verdad del pensar. Pero no hay verdad en nuestro pensar si no hay una verdad anterior a uno, la verdad de ser, de ser el que auténticamente se es. Y, quien miente en su mismo ser sólo puede sostenerse en la existencia fingiendo un universo falso.

Nietzsche y Scheler han estudiado en el resentimiento otro de ésos que llamo fenómenos compensatorios. Pero las formas de éstos son innumerables. Ahora vamos a ver en el «partidismo» un caso más de compensación.

La Nación, 15 de mayo de 1930

II

PARTIDISMO E IDEOLOGÍA

Muchas veces he hecho notar que la ignorancia de la historia padecida por el hombre culto de ahora es una de las más grandes desdichas que aquejan a nuestro tiempo. Son innumerables los motivos que obligan a pensar así. Entre ellos, he aquí el que nos importa en este momento. La vida tiene siempre un pasado inmediato, que encuentra en sí misma bajo la especie de recuerdo y que no necesita averiguar por medio de la historia. Así hoy encontramos en nosotros, como fondo de pretérito sobre el cual emerge nuestra vida, el famoso siglo XIX. Ahora bien: ese pasado inmediato, único que tenemos sin un esfuerzo especial, tiende naturalmente a significar para nosotros todo el pasado. Lo que en él hubo y aconteció parecerá lo que ha habido y ha acontecido siempre. Esto es un error de óptica siempre funesto, porque no hay ningún siglo que pueda pretender asumir la representación adecuada de todos los demás. Pero en nuestro caso, la ilusión visual es funestísima. Porque unos siglos son más normales que otros, o, si se prefiere, menos anormales. Mas el siglo XIX ha sido superlativamente anormal, uno de los grandes siglos críticos en el destino humano, sea dicho en su honor y en su vituperio. En él germina buena parte de nuestras manías y desmesuramientos. De aquí que necesitemos curar nuestro error visual pidiendo a la historia que nos salve de la falsa normalidad propuesta a nuestros ojos por esa centuria.

Esto aparece muy claro en el asunto del «partidismo». Es falso que la existencia de partidos como tales haya sido normal entre los hombres. Más o menos, habrán existido siempre grupos combatientes; pero esto no quiere decir que fuesen «partidos». Tal individuo formula y proclama un deseo latente en otros muchos; éstos se agrupan en torno de aquél y se inicia una lucha con el resto de la sociedad para obtener la satisfacción de aquel deseo. La lucha lleva a la victoria o a la derrota. Una y otra tienen el mismo efecto: disuelven el grupo combatiente, y con él, el grupo contrincante. Suprimidos ambos, la lucha se desvanece también y la sociedad retorna a la convivencia pacífica y unitaria. A nadie se le ocurre perpetuar los grupos hostiles ni el temple mismo de hostilidad después de la victoria o la derrota.

La existencia de los «partidos» en el sentido contemporáneo de la palabra supone una interpretación de la vida social muy distinta de la que llevó a esas transitorias agrupaciones de combate. Si en éstas lo substancial era el deseo, sinceramente sentido, de obtener tal o cual ventaja, y sólo en vista de él se agrupaban los hombres y luchaban, en el «partido» lo substancial es el «partido» mismo. Se quiere que la sociedad esté normalmente escindida en grupos, haya o no pretexto para ello. Cuando no lo hay, se inventa. Es preciso nutrir al partido refrescando su programa bélico. Se considera que la lucha es la forma esencial de la convivencia entre hombres.

Cualesquiera sean los antecedentes y gérmenes de ella[1], parece cierto que hasta el siglo XIX no surge la idea de que la historia está constituida por una lucha perenne. Tal vez Guizot es el primer pensador que habla formalmente de la lucha de clases como motor radical del proceso histórico. Hasta entonces había parecido ésta una anormalidad, tan frecuente como lamentable, pero siempre algo adventicio y en modo alguno consustancial con la convivencia humana. La contienda permanente tenía lugar sólo entre sociedades separadas —ciudades, pueblos, Estados—, y era, por lo mismo, síntoma de insociabilidad. Para el griego y el romano la sociedad se presenta bajo la especie de ciudad, y la ciudad, bajo la especie de ayuntamiento entre antiguos enemigos, de acuerdo para vivir juntos en paz y unitariamente (el

1. Por ejemplo, en Juan Bautista Vico.

synoikismós). De aquí que para ellos el prototipo de la anormalidad civil era precisamente la lucha civil.

Sin duda, la lucha intestina es un hecho frecuentísimo a lo largo del pasado humano. Por lo mismo sorprende ver la diferente reacción ante él de unas y otras épocas. Las anteriores lo interpretaban como una desdicha y, *en consecuencia*, como algo anómalo y accidental. El siglo XIX, por el contrario, alardea de no hacerse ilusiones, de tomar la realidad según ella es. Pero esto lo lleva primero a un prurito pesimista. Del accidente desdichado hará la substancia misma. La sociedad será en su propia esencia lucha y nada más que lucha. Convivir es pelear —franca o artificiosamente. Parejamente, los psicólogos de entonces intentaban convencernos de que la percepción del mundo exterior consistía en una alucinación consuetudinaria. En vista de que a menudo erramos, consideraban la verdad como un error habitual. Y así en todo.

A este pesimismo en la concepción de la realidad siguió un cinismo similar en la moral. Puesto que la vida social es constitutivamente lucha —se dijo—, dediquémonos todos de manera concienzuda a luchar. Neguemos el derecho de hacer otra cosa. Y como la lucha necesita de grupos beligerantes, hagamos de éstos la forma sustantiva de existencia humana. Lo más importante del mundo será el partido, la organización sobreindividual para el combate. Los individuos no interesan, porque mueren, y es preciso perpetuar los partidos. Todo hombre será miembro de algún partido, y sus ideas y sentimientos serán partidistas. Nada de ajustarse a la verdad, al buen sentido, a lo justo y a lo oportuno. No hay una verdad ni una justicia; hay sólo lo que al partido convenga, y ésa será la verdad y la justicia —se entiende que habrá otras tantas cuantos partidos haya.

El marxismo es la teorización de este partidismo cínico. Como todo cinismo, se reduce a cambiar el signo del vicio que se padece y proclamarlo como virtud. La operación no fue hecha arbitraria y ligeramente por Marx. Toda la marcha de las ideas desde el siglo XVIII preparaba la posibilidad que Marx genialmente aprovechó. El racionalismo de aquella centuria no concebía más que una verdad esquemática, sin evolución ni modulación. De aquí que no pudiese explicar cómo en la historia habían existido modos de pensar incoincidentes con el suyo. Las religiones, las formas del derecho antiguas, etcétera, sólo se comprendían como imposturas, esto es, como falsificaciones deliberadas que el interés inspiró a algunos hombres. Bajo esta idea de que el pensar opuesto al nuestro es una falsificación, se inician las luchas políticas de la época contemporánea. Napoleón creó el vocablo para denominar ese pensar falso cuando llamó a sus enemigos, despectivamente, *ideólogos*. Desde entonces una *ideología* significó el conjunto de ideas inventadas por un grupo de hombres para ocultar bajo ellas sus intereses, disfrazando éstos con imágenes nobles y presuntos razonamientos. La filosofía romántica se apodera de este término y le quita su mal sentido. Al mostrar cómo la razón, sin perder su última unidad, vive evolutivamente, toma diferentes aspectos en épocas y pueblos, justifica la pluralidad de opiniones. Cada «espíritu popular» —*Volksgeist*— posee una ideología propia inexorable e inalienable. Entonces interviene Carlos Marx y funde ambos sentidos del vocablo *ideología*, el peyorativo y el óptimo. La historia es lucha, y especialmente lucha de clases económicas. Cada clase piensa el mundo según la inspiración de su interés. Mientras combate por el predominio, su interés es la verdad; pero cuando triunfa, su interés es defensivo, y sus ideas reflejan sólo el *statu quo* de la infraestructura económica. En uno y otro caso, el hombre no es libre en sus opiniones sobre la realidad; antes al contrario, sus opiniones dependen de cuál sea su realidad social. Hay una «verdad burguesa» que, claro está, no es verdad, sino que es sólo la ideología de esa clase. Una *ideología* es, pues, la falsificación de la verdad que el hombre comete no deliberadamente (no como impostura), sino inexorablemente, por estar adscrito a una clase. La fórmula de Marx es ésta: «No es la mentalidad de los hombres quien determina su realidad, sino su realidad social quien determina su mentalidad» (*Crítica de la economía política*). Toda opinión nace afectada del lugar público desde el cual ha sido pensada —desde abajo o desde arriba. O lo que es igual: toda idea es partidista. Consecuencia: puesto que esto es así, seamos lo más partidistas que podamos[1].

Como se ve, el pensamiento de Marx es en este punto uno entre innumerables brotes del relativismo diecinue-vesco y arrastra todos los inconvenientes anejos a éste. El descubrimiento de las ideologías de clase es de primera importancia si se le reduce a los términos dentro de los cuales tiene un sentido serio; a saber: si en la ideología de clase se ve únicamente un hecho empírico, la tendencia frecuente en muchos hombres a dejarse influir en sus ideas por sus intereses. Pero en Marx tiene un carácter absoluto y meta-físico, que es, a todas luces, exorbitante y falso. Marx no puede probar ni que todo individuo coincida con el tempe-ramento de su clase, ni que fatalmente queden supeditados a ésta sus pensamientos. Más o menos frecuente que el hecho

1. Véase Karl Mannheim: *Ideologie und Utopie*.

de esta supeditación, pero al fin y al cabo tan hecho como ella, es la existencia de hombres que pugnan por liberar su ideación de su estado económico y que a veces lo consiguen. Ejemplo: Carlos Marx.

La gran porción de verdad que hay en el materialismo histórico ha arrancado muchas máscaras, ha desnudado muchas caras de «idealistas». Pero él mismo, confiéselo o no, aspira a ser la verdad pura. Por una necesidad inexorable, la raíz del ser humano aspira a no ser partidista, y cuando se queda solo consigo, le angustia su partidismo.

La Nación, 3 de junio de 1930